알프스,
행복해지기
위해

알프스,
행복해지기
위해

맹지나

여행에세이

홍익출판 미디어그룹

한 달 남짓 떠난 알프스 여행은
이름난 산맥을 정복하려는 인간의 객쩍은 정복욕에서
비롯된 것도 아니었고
휴식이 필요할 정도로 열심히 일하다 지쳐서 떠난 것도
아니었다.

그냥 알프스에 가고 싶어서, 겨울의 알프스가 무척
보고 싶어서, 철저히 준비해 떠나는 일전의 여행들과 다르게
별 생각 없이 짐을 꾸려 떠났다.

담방대던 스무 살에 떠나온 여행 중 이름도 모른 채
넘고 또 넘던 이 산맥은 마침내 나의 최종 목적지가
되어 주었다.
사유의 깊이가 더해지고, 세상을 보는 눈이 조금 더

알프스, 행복해지기 위해

맑아지고, 시간이 지나야 걷히는 멋모름과 철없음이
희미해질 때까지.
알프스는 여러 번의 봄, 여름, 가을, 겨울을 보내며 나를
기다려주었다.

"어떤 이들은 평생 상상 속의 알프스로 쇄도하고
존재하지도 않는 어려움을 저주하다
작은 언덕 발치에서 숨을 거둔다.
some men storm imaginary Alps all their lives,
and die in the foothills cursing difficulties which
do not exist."
_ 에드거 왓슨 하우 Edgar Watson Howe (미국 소설가, 1853–1937)

바바리안 알프

프랑스
France

취리히

베른
스위스
Switzerland

제네바

페나인 알프스

프렌치 프레알프스

샤모니

체르마트

추

리옹

안시

튜린

체노

4,000미터급 산 58개와 수많은 빙하가 위치한 총면적 약 33만 제곱킬로미터.
길이 약 1,200킬로미터의 알프스는 유럽에 위치한 산맥 중 가장 높고 긴 산맥으로,
스위스, 프랑스, 오스트리아, 이탈리아, 독일, 슬로베니아 등을 지난다.
산을 뜻하는 켈트어 알브alb, 알프alp 또는 백색을 뜻하는 라틴어 알바alba가 어원이고,
'희고 높은 산'이라는 의미로 사용된 것으로 추측된다. 최고봉은 이탈리아와 프랑스
국경에 걸친 높이 4,807미터의 몽블랑Mont Blanc이다. 서쪽으로는 피레네 산맥,
동쪽으로는 중앙아시아 우랄 산맥에서 이어진 코카서스 산맥과 이어진다.
크게 서부·중부·동부 알프스로 나뉘는데, 다양한 지형에 따른 자연경관,
날씨가 각기 다른 매력을 지녀 관광업이 발달하였다.

Contents

4

바바리안
알프스

·

린다우
뮌헨
미텐발트

5

**페나인
알프스**

·

**루가노
체르마트**

6

7

8

이탈리안
알프스
·
볼차노

부록 _ 알프스 여행 정보

떠나기 전에

1

'여행하다'라는
동사의 정의

그동안 알프스는 여러 번 기차를 타고 넘나들었지만
'여행했다'고 말할 수 없는 곳이었다.

머물렀다, 여름을 보냈다. 일주일 동안 쉬다 왔다,
한 달간 지내다 왔다…….

낯선 곳에서 소비한 시간을 이르는 표현은 적지 않다.
'여행했다'고 말하려면 모험심 가득한 마음으로 그곳을
탐구하고 주의 깊게 살펴보아야 한다. 아무리 오랜 시간이라
하더라도 한 장소에서 그저 머물기만 하는 일로는 충분치
않다. 가득 담아간 기대감을 선물꾸러미처럼 풀어놓고, 애정
어린 눈으로 여행지를 어루만지고, 그날 그 시간 그곳의
기억이 오래 남도록 마음으로 꼭 안는 것을 반복해야 이곳을
'여행했다' 할 수 있는 것이다.

몇 년 전 불가능에 가까운 일정으로 바쁘게 이 도시 저

도시로 징검다리 건너듯 뛰어다녔다. 병원으로 후송되는
환자 마냥 피곤한 몸을 기차에 겨우 싣고 기절하여 넘고
돌아가던 그 알프스 산맥을, 오랫동안 벼르고 별러 여행하러
간다.

나는 너를 드디어 여행한다.

무슨 바람이 불어서 ——————————
떠나나요

물어오는 사람들에게 답한다.
문자 그대로 바람이 불어 떠난다고.
머리카락을 흩날리게 하는 그 유혹적인 바람결이
가닥가닥 느껴진다고.

눈썹에 땀이 맺힐 때까지 일한 뒤 가로로 길게 뻗어 누우면
어디에선가
누군가
후- 하고 불어주는,
세상에서 가장 시원한 바람이 불어와
엉덩이가 들썩였다고.

알프스, 행복해지기 위해

하이디가 남긴 발자국이 ─────────
지워지기 전에

오월이 오면,
하이디는 나풀거리는 치맛자락을 그 작은 손에
꼭 쥐고 알프스 언덕을 뛰어내려 온다.
세게 넘어져 무릎을 쿵 찧어도 괜찮을, 폭신한 잔디가 깔린
언덕을 냅다 뛴다.

십이월이 되면,
씩씩한 양치기 소녀는 문을 꼭 닫아걸고
오두막집 샬레 안에 숨는다.
그러나 만년설같이 무겁게 짓눌리는 무료함을 이기지
못하고 이틀에 한번씩 밖으로 나와 하이얀 눈길 위에
발자국을 찍는다.

소녀가 눈 위에 발자국을 새기는 십이월이 어느새 성큼
다가와 있다. 앙증맞게 찍어 놓은 작은 발자국들이 사라지기
전에 알프스에 도착해야 한다는 조바심이 났다.

여행지
예선전

가슴 뛰는 곳을 추리는 과정은 언제나 즐겁다.
모든 곳이 나를 원하고 있다는 엄청난 착각을 제외하고
별 다른 제약이 없다.
세계지도를 펼쳐 놓고 나라마다, 언어마다 다른 느낌으로
불리는 지명들을 한 음절씩 손가락으로 짚고 읊으며, 그곳에
간 내 모습을 상상하는 일련의 의식으로 다음 목적지를
결정한다.

털모자를 뒤집어쓰고 두꺼운 코트에 폭 파묻혀 수십
가지 색깔을 입은 모스크바의 화려한 궁 사이에서 여러
번 도전했지만 끝내지 못하고 덮어버린 톨스토이와
도스토옙스키를 읽어 볼까.
북극과 핀란드를 나눈 선 위에 걸쳐 깜빡이는 라플란드의
로바니에미에서 뽀드득 눈을 밟아 볼까.
그곳에서 무엇을 어떻게 할 것인지 소리 내어 말해 보았을
때 귀에 들릴 정도로 가슴이 쿵쾅대는 여행지는 예선을 통과.

알프스, 행복해지기 위해

본선에 진출한다.

아무도 모르는 혼자만의 대회지만 내겐 올림픽보다, 월드컵 결승보다 중요하기에 신중하게 살피고 또 살핀다. 초속으로 시공간 여행을 하듯, 마음속에서 자유자재로 지구를 몇 바퀴 돌고 나면 여행 후보지를 다섯 손가락 안에 꼽을 수 있게 된다.

가장 먼저 떠올랐던 북유럽은 겨울 일조량 때문에 이내
단념했다.
가볼 수 있는 가장 높은 위도까지 다다라 경계가 불분명한
오로라를 헤집어보고 싶었으나 겨울에는 해가 뜨는 밝은
시간이 서너 시간 밖에 되지 않는다는 말에 오로라에 대한
환상은 금세 꺾였다. 여름이 되면 다시 떠올라 주렴, 하는
당부의 말과 함께 오로라는 기억 저편 한쪽 구석에 박혔다.

지도의 축척을 크게 끌어올렸다.
온 세상이 한눈에 들어온다.
여러 대륙과 이를 나누는 대양을 바라보다,
알프스 산맥을 손가락으로 훑었다.

너를 따라 여행해 볼까.
눈 시리게 하얗고 예쁜 알프스의 크고 작은 곡선에 발맞추어
걸어볼까.

알프스, 행복해지기 위해

1유로는
2천 원

한국에서는 잔돈 몇 백 원도 꼭 챙기면서 왜 여행만 나가면
1유로가 천 원인 줄 착각하고 흥청망청하는지 모르겠다.
여행 중에도 거듭 예산 관리를 한답시고 깨알 같은 글씨로
노트에 지출을 기록하지만, 일정의 끝 무렵에 다다라서
손가락만 빨게 된 적이 한두 번이 아니다.

천 원과 2천 원 사이에서 격하게 요동치는 환율을
빠르게 암산하는 건 너무 어렵다.
유로가 아니라 영국 파운드가 되면 차라리 낫다.
런던의 믿을 수 없는 높은 물가는 1파운드가 얼마이던
무엇을 사던 항상 비싸니까. 가장 낯선 스위스 프랑이나
체코 코루나가 화폐 단위가 되면 계산은 완전히 미궁 속에
빠진다. 차라리 뭐든지 동전 하나는 2천 원이라고 생각하면
소비욕구가 한풀 꺾이게 될 것이니, 비행기에서 다짐, 또
다짐한다.
1유로는 2천 원이야. 2천 원이라고.

수업시간에
졸지 말 걸

나처럼 세계지리에 밝지 않은 누군가의 상상 속 알프스는
스위스 한 가운데 턱 하니 자리한다.
오스트리아와 체코 사이에 있지 않느냐는 사람도,
남미 대륙 어디쯤 솟아 있지 않느냐는 사람도 있다.
아니, 거긴 안데스 산맥이에요.
정확한 위치를 모르면 모를수록 상상의 나래는 그 끝을
모르고 빠르게 펼쳐진다.
어쩌면 잘 몰랐기 때문에 더욱 꿈꿔 왔을 수 있었는지도.

언제나 지도 위에 있었는데도,
여러 번 맴돌았는데도,
한번도 너에게 초점을 맞추지 않았구나.

알프스, 행복해지기 위해

나에게 허락된 이 좁은 자리가 가장 넓게 느껴질 때란
모두가 잠에 들어 조명을 켜고 간이 테이블을 내렸을 때.
그 좁고 좁은 네모 칸이
책상이 되고
영화관이 되고
도서관이 되고
레코드 가게가 될 때.
베개와 담요를 내가 편할 대로 꾸깃꾸깃하게 말아 기인처럼
몸을 접고 기대어 잠을 청할 때
빨리 내려서 새로운 것들을 정신없이 만나고 싶다가도
시간이 천천히 가길 바라는 마음으로 머무는 자리.
열한 시간 동안 온전히 개인적인 공간.

내가 만약 호텔 하나를 가질 수 있다면 직원들이 지나치게
친절하지는 않은, 무뚝뚝하고 메마른 서비스를 제공하는
그런 호텔이었으면 좋겠다.
할 일은 다 하니 손님들이 불평할 수는 없는, 친절도 평가로
백 점을 받지는 못해도 딱히 큰 문제는 일어나지 않는 호텔.

이를 테면,
투숙객이 "타월이 필요합니다"라고 하면
도레미파솔라시도를 넘나드는 멜로디컬한 응대가 아닌
옆구리를 쿡 찔러 나오는 듯한 비자발적인 단조로운
목소리로
"네, 가져다 드리겠습니다"라고 답하는 것.
이곳에 묵는 손님들도 여행에 대한 기대감이 입 밖으로
절로 흘러나와 누구든 붙잡고 얼마나 기쁘고 행복한지 종일
떠드는 것이 아니라, 떠나오게 만든 이유에 단단히 얽매여
호텔 직원과의 대화에 모든 에너지를 쏟지 않는 사람들일

것이다.

낙엽이 바스락거리는 소리처럼 조그맣게 읊조리는 목소리로
가득한 그런 호텔이었으면 좋겠다.
대신 그 냉기를 상쇄시키고도 남을 달디단 멘델스^{Mendl's}
케이크를 함께 팔아야지.

150만 원짜리 식사

볼 수 없는 것, 만질 수 없는 것은 언제나 제대로 된 가치
평가를 받지 못한다.
엄청난 무게를 짊어지고 굉장한 속도로 대양을 가로지르는
비행 자체에 대한 감사는 온데간데없고, 자느라 기내식을 못
먹게 되면 생돈 150만 원을 통으로 떼인 양 억울하다.

기압과 고도 때문에 기내식은 원래 맛이 없다는데,
왜 난 항상 맛있는지.
이륙하는 엔진 소리에 입맛이 돈다.
눅눅한 빵 조각에 말라비틀어진 치즈 한 장을 얹어 줘도 좁은
비행기 좌석에서 먹노라면 그렇게 맛이 기가 막히다.
착륙과 동시에 달려 나가 꿈꿔 온 모든 것을 단숨에 해치울
기세로 숟가락을 들고 전투 식량을 먹듯 식사를 할 때도
있었다. 잘 자고, 잘 먹고, 힘내서 더 많은 것을 보고, 하고,
느끼고 싶다는 마음으로 꼭꼭 씹어 삼킨다. 설익은 듯
고슬고슬한 밥이, 참 달다.

알프스, 행복해지기 위해

키가 비슷한
여행 동반자

숙소를 비롯하여 식사, 관광, 하루 동안 걷는 시간,
사진 등 여행을 구성하는 많은 요소로 형성된 피로도를
견디는 내성과 역치는 사람마다 다르다.
이 내성과 역치의 키가 비슷하면 비슷할수록 훌륭한
여행 동반자가 될 가능성이 높아진다.
오래 만나고 헤어진 남자친구는 나와 여행의 키가
꽤 비슷했다. 이별의 순간이 지나고 돌이켜보니
좋은 여행 동반자를 잃었다는 사실로 마음이 아팠다.

그러다 한 친구가 사실은 둘의 여행 스타일이 같았던 게
아니라 그가 일방적으로 다 나에게 맞춰 줬을 가능성은
없냐고 물어왔을 때, 그럴 수도 있었겠구나 하는 생각이
들었다. 약간의 미안함과 안도감이 동시에 차오른다.
맞추어 가는 방법도 있구나. 내가 까치발을 들거나
네가 무릎을 좀 굽혀주거나.
그래. 그럼 앞으로는 키를 맞추어 보면 되지, 뭐.

다 외우고
다 잊기

중학생 때부터의 습관이다. 그렇게 좋은 습관은 아니지만.
시험기간이면 일시적으로 필요하되 영구 소장할 가치가
없다고 판단한 정보는 벼락치기로 공부하여 달달 외웠다.
그리고는 OMR 카드를 걷어 가는 순간, 시험만을 위해
암기했던 거의 모든 것을 잊었다.
일부러 노력하지 않아도 급하게 외운 것들은 시간을 이기지
못하고 머릿속에서 사라지기 마련이다.

여행 역시 아무리 많이 조사하고 떠나도 운칠기삼이라는
사실을 깨닫고 나서는 최소한의 정보 외에는
대부분 여행지에 도착하자마자 잊는다.
알랭 드 보통 수준의 '여행의 기술'이 있다면야
기칠운삼일지도 모르겠다. 이렇게 길을 다니다 가끔
꼭 필요한 정보도 까먹는 일이 생기지만,
불완전한 여행의 묘미라고 합리화한다. 가이드북을
씹어 먹을 기세로 볼거리와 음식 이름과 관광지도 따위를

공부했던 것은 첫 여행, 딱 한번 뿐이었다.

상상조차 할 수 없는 더 좋은 일들이, 무너지는 계획의

빈자리를 차고 넘치게 메워 줄 것을 이젠 알기 때문이다.

이번에도 역시 잔뜩 썼다 전부 지워버려 분필 가루

풀풀 날리는 칠판 같은 기억력으로 여행을 시작한다.

알프스, 행복해지기 위해

Julijske Alpe

율리안 알프스

2

이탈리아 북동부에서 슬로베니아까지 뻗은 산맥. 대산맥 남부 석회암 알프스에 속한다. 이 부근에 자치도시 시비달레 델 프리올리Cividale del Friuli를 세웠던 율리우스 카이사르Julius Caesar의 이름을 땄다. 최고봉은 슬로베니아의 트리글라브 산Triglav으로 높이는 2,864미터이다.

○ 류블랴나 LJUBLJANA

수프는 언제 식사이고
언제 간식인가

추운 나라로 여행할 때 빠지지 않고 챙겨가는 것은 인스턴트
밥도, 고추참치 통조림도 아닌 분말 수프다. 클램 차우더나
미네스트로네 같은, 가끔 이름이 헷갈리는 그런 수프들 말고
옥수수와 단호박 수프로 네댓 봉지를 가져간다. 현지에서
사도 상관은 없지만, 익숙한 포장과 간단한 조리법은
모든 것이 새롭고 낯선 여행지에서 기대 이상의 위안을
가져다준다. 낯선 음식 상자 뒷면을 주의 깊게, 한 단어씩
차근히 읽으며 물을 끓이는데 들이는 노력이 버거운 날이
있다. 그때 나의 친밀한 수프가 등장할 순간이다.

걸쭉하고 달큰한 수프 한 그릇은 겨울 여행에 따라붙는
모든 우울과 외로움에 만병통치약이다. 대부분의 사람들이
잠들어 텅 빈 호스텔 주방에서 자정을 넘긴 시각에 냄비에
물을 받으며, 지금 먹으려는 수프는 아직 챙겨 먹지 못한
저녁인지, 야식인지 하는 궁금증이 느닷없이 돋았다. 식사든
간식이든 '둘 중 무엇이든 뭐 어때?' 라고 치워버리기엔

생각의 꼬리가 꽤 길게 이어진다.

배가 고파 먹는 거면 식사, 배불러도 한 입 넘기는 거라면
간식. 수프를 조금만 부어 머그잔에 담아 덥혀 마시면 음료,
밥그릇보다 훨씬 큰 대접에 수프 한 봉지를 탈탈 털어 넣고
치즈 가루도 넣어 걸쭉하게 끓여 큰 스푼으로 떠먹다 빵도
찍어 먹고 식곤증을 이기지 못해 간신히 그릇을 치우고
침대에 뛰어들면 요리.
그렇게 정리. 이제 자러 가자.

요란하지 않은
환대

나 하나 왔다고 야단법석인 번지르르한 환대가 아닌,
조용히 고개를 들어 싱긋 웃으며 맞아주는 첫인상이
우선 합격이다.

여행자는 별 다른 사고 없이 숙소를 찾고 체크인을 하는,
소란스럽지 않은 첫 만남에 무한한 감사를 느낀다.
완벽주의자까지는 아니지만 평소의 나는 최고의
결과를 바라며 그에 미치지 못하면 실망하는 편인데,
여행 중의 나는 모든 것이 달라진다.
나쁜 일만 일어나지 않는다면 그저 행복하다.
때로는 나쁜 일에도 감사하다.

뜻이 있는 이름을 가진 도시로의 여행은 기대가 되기
마련이다.

류블라나라는 도시명은 슬로베니아어로 '사랑스러워'라는
뜻이란다.
여행자들이 듣기에는 그리 어색하지 않지만 류블라나
사람들은 어디 사냐는 질문이 매번 얼마나 낯간지러울까?
'사랑스러워'라고 답해야 할 텐데 말이다. 또 모르지, 어여쁜
고향 이름을 부를 때마다 기분이 좋아질지도. 류블라나의
거리를 걸으며 스치는 얼굴들과 연이어 눈인사를 나누고
미소를 주고 또 받으니, 후자일 가능성이 높다고 결론을
내렸다. 나도 주문처럼 되뇌어 본다.
류블라나, 류블라나.

슬로베니아의 수도 류블라나는 가장 살기 좋은 도시로 종종
꼽힌다.

사실 가장 살 만한 도시, 행복한 도시라 불리는 곳에 사는
사람들은 이런 순위에 그 어떤 감정의 동요도 느끼지 못할
것이다. 순위권 바닥에서 벗어날 수 없는 도시의 사람들이나
높은 행복 순위에 오른 도시들을 부러워하겠지.

류블라나 사람들은 '누구누구가 그러는데,
여기가 세계에서 가장 살기 좋다더라'라는 말에는 그저
'그래?' 하고 말 것이다. 말을 건넨 목소리가 겸연쩍도록.

그래서 그런 말은 하지 않았다. 아무도 궁금해 하는 것 같지
않았다. 온전히 지금 각자의 마음에 담고 있는 행복만으로도
모자람이 없어 보였다.

가우디의 바르셀로나,
하우스만의 파리,
플레츠니크*의 류블라나

내 이름 석 자가 내가 나고 자란 도시를 꾸미는 말로 쓰이는
기분은 어떤 걸까? 구시가지와 신시가지를 잇는 세 갈래의
다리는 어느 각도에서 봐도 근사했다.
그 아래로 흐르는 물은 찌르르르 곤충 울음소리를 냈다.
얼음 아래 가두려는 추위와 맞서 싸우며
흐르는 물길은 앵앵 우는 소리 같기도 하다.
수많은 사람들을 묵묵히 등에 업은 다리는 흐르는 시간 속에
서서히 깎여 나간다. 힘들다 불평하거나 우는 소리 하나 내지
않고. 건축에 대해선 일자무식이지만 자주 지나는 길목에
다리 하나 놓을 수 있으면 좋겠다.
책임감 강하고, 그 자리에 계속 있어 언제든 찾기 쉬운 작은
돌다리.

---

* 요제 플레츠니크 Jože Plečnik (슬로베니아 건축가, 1872-1957)

축촉한 도시 따뜻한 와인,
방금 딴 샴페인,
12월에만 만들어 마시는 에그노그**

크리스마스의 흥분이 향기롭고 알딸딸한 증기의 형태로
공기를 유영하다 류블라나의 구석구석에 스며들어,
도시가 축촉하다.
동유럽 특유의 동화 같은 분위기가 감도는 류블라나는
12월을 맞아 크리스마스 마켓을 열어 미모에 물이 올라
있었다.
한껏 목욕을 마친 아이의 빨간 두 볼처럼 거리 곳곳에 촉촉한
붉은 빛을 밝힌 가게들이 아름다웠다.

** 에그노그 eggnog. 우유, 달걀, 럼주와 브랜디를 섞어 만드는 칵테일. 서양의 대표적
인 크리스마스 음료다.

알프스, 행복해지기 위해

여행 중 헤어진 것들에 대한
애매한 아쉬움

숙소에 돌아와 눈송이를 털어내고 보니 카메라 렌즈 캡이
없다. 눈 위에 소리 없이 떨어져 작별인사도 나누지 못했다.

평소에는 자질구레한 것을 잘 잃어버리지만 여행 중에는
철저하게 소지품을 간수하는 편이다.
어찌된 일인지 이번 여행 중에는 칫솔 케이스나 아끼던
펜처럼, 마지막으로 두고 온 장소에 연락을 취해 꼭 보내
달라고 청할 정도는 아니지만 잃어버린 것을 알아차리는
순간 꽤나 속이 쓰린 것들을 거의 매 도시마다 하나씩
두고 왔다.

눈 감고 주무시면 ——————
안 될까요

두 개 도시에서 호스텔에 묵기로 했다. 장기 여행을 떠날
때 전 일정을 호텔로 긁을 수 있는 경제력은 아직 갖추지
못했다. 대신 기차에서 보내는 시간이 긴 도시들로 골랐다.
이동 중 쪽잠을 자며 시끄럽고 불편한 도미토리에서의 수면
시간을 최소화하는 것이다.
썩 마음이 놓이지 않는 눅눅한 침구가 깔린 삐걱거리는
침대가 여럿 놓인 좁은 방.
그곳에서 자야 하는 상황은 그 자체로 충분히 불편하다.
밤늦게 갑자기 침실 문이 열린다거나 새벽 기차로 떠나는
사람의 알람으로 아침잠을 설치는 일도 문제가 된다.
무엇보다 같이 방을 쓰는 사람의 수면 습관은 그 어떤
환경적인 요인보다도 호스텔에서의 밤을 고통스럽게 만들
수 있다.

6인실에서 나를 제외한 나머지 다섯은 일행이었다.
일반화의 오류가 염려되니 국적은 말을 않겠다.

다섯이서 쓰고 나온 욕실은 한 발짝도 디디고 싶지 않을
정도로 초토화가 되어 있었고, 이어폰을 최대 볼륨으로 키워
놓고 음악을 틀어도 쿵쿵대는 베이스 소리를 이겨먹는 수다
소리가 새벽 세 시를 넘어서까지 이어졌다.
마침내 잠을 완전히 포기하고 거실로 나가 아침을 맞이할
결심을 했다. 사다리를 부술 기세로 우당탕탕 내려가는
것으로 나름의 앙갚음을 하고 싶었지만 그럴 힘도 없어
살금살금 내려와 한 발을 바닥에 디뎠는데, 그 순간 맞은편
아래 침대에 누워있는 사람과 눈이 마주쳤다.
'너도 못 자고 있었구나!'
아무리 친구들이라지만 너무 시끄러워 도저히 잠들 수가
없다는 표정인 것 같아 가까이 다가가 같이 커피라도 마실까
말을 걸려 했는데, 맙소사 눈을 뜨고 코를 곤다. 이쯤 되면
모든 전의를 상실할 수밖에 없다.
두 손 두 발 다 들고 내가 조용히 나간다.

얼어붙은 손끝을
녹이는 밤

겨울 여행 중엔 두터운 팔 토시를 항상 장착한다. 해마다
조금씩 보풀이 일어나고 고무줄도 늘어나 점점 더 편하게
입고 벗을 수 있어 좋기는 하지만, 좀 더 자주 추켜올려야
한다. 벗지 않고도 핸드폰도 카메라도 조작할 수 있는 장갑을
한 쌍 갖고는 있지만 맨손으로 키패드나 버튼을 조작해야
뭔가를 하고 있다는 확인을 받는 것 같아 잘 끼지 않게 된다.

호호 손을 불어가며 힘겹게 누른 셔터의 결과물을 숙소에
돌아와 확인하는 낙을 무엇에 비견하리.
오늘도 수고가 많았다, 다독이며 호텔에 돌아와 가장 먼저
뜨거운 물에 대 주었다. 하루 일과는 얼어붙은 손가락을
온수로 다독이는 것으로 마무리된다.

당신의 사랑을
감당할 수 있는 곳

수많은 언어로 속삭인 사랑의 맹세가 주렁주렁 매달려 있던
파리의 예술의 다리는 이제 센느 강 좌안과 우안을 잇는
여느 다리와 다를 바 없게 되었다. 연인들의 약속을 더 이상
받아줄 수 없다는 것이다. 그거 하나 걸게 해주는 일이 뭐
어렵냐 따져 물을 수도 있겠지만, 이대로라면 다리의 존속이
위험할 정도로 무게가 실려 자물쇠를 금지하게 된 것이다.

류블랴나의 다리에는 자리가 많다.
여기 와서 걸어요.

알프스, 행복해지기 위해

알프스, 행복해지기 위해

중동부 알프스

3

오스트리아와 스위스, 리히텐슈타인, 이탈리아와 슬로베니아의 일부까지 아우른다. 최고봉은 호에타우에른산맥의 그로스글로크너 산 Grossglockner으로 높이는 3,798미터다. 높고 험준한 석회암 산릉을 이루고 있으며 오스트리아의 주요 지형으로 꼽을 정도로 오스트리아의 큰 부분을 차지한다.

○할슈타트 HALLSTATT

이제 우리는 ————————
위험을 무릅쓰지 않는다

열정이란 저항할 수 없는 것이어야 한다.
예의범절이라든가 심사숙고라든가,
그 밖에 교양이라는 이름의 각종 족쇄를 잊는 것이어야 한다.
무엇보다 그것은 통행권이 있는 곳에서 떠날 양해를 구하지
않는 것이어야 한다.
_ 에드워드 모건 포스터 E. M. Forester 《전망 좋은 방》 중

무작정 떠나는 것을 젊음의 사치, 호기로운 대범함이라
흔히들 말한다. 많은 이들이 여전히 여행을 그렇게 겁 없이
떠난다. 사랑에는, 불행히도, 많은 이들이 그렇지 못한다.
오지 탐험과 고산병과 소매치기는 전혀 두려워하지 않지만
활활 타오르는 감정의 불길에 뛰어드는 일은 어찌나
겁을 내는지. 삼십 대의 연애는 '어른 연애'라고 사람들이
알려준다. 내가 이십 대의 열렬한 사랑을 하는 동안
미처 듣지 못한 대국민적 선포라도 있었나 보다.
모두가 알고 있다. 빛바랜 열정과 오랜 계산 끝에

두는 수에 지쳐 불평하면 모두 약속이라도 한 듯
"그게 어른 연애야"라고 말한다.

온 몸을 불살라 사랑에 뛰어들었던 모두가 이제는 잿더미에
앉아 있다. 툭툭 털고 일어나야지,
잿개비로는 아무것도 할 수 없다. 아쉬워도, 그걸로는
아무것도 할 수 없다. 그냥 훅 불어 날려버려야지.

서로 몸에 기름을 부어주고 불씨를 댕겨 같이 타오를 사람을
찾아 기름통을 들고 다니지만 쉬운 일이 아니다. 아직 한
방울도 써 보지 못했다.
새로운 여행지를, 새 일터를 찾아 떠날 용기는 넘쳐나는데
유독 사랑 앞에서 겁이 나는 사람들은 저마다 동산만 한
잿더미 위에 앉아 아직 아물지 않은 상처를 만지작,
딱지가 앉은 상처를 긁적긁적.

호숫가의
재단사

할슈타트 기차역에 내려 마을로 가려면 배를 타야 한다.
동력을 사용하는데도 신나는 모터 소리와 함께 부웅-하고
출발하는 것이 아니라, 노를 저어 가는 배처럼 못 이기듯
육지에서 미끄러져 나간다.

보트 앞머리가 호수를 가른다.
솜씨 좋은 재단사가 고급 실크 원단을 주름 잡아 멋진
연회용 드레스를 만드는 것처럼, 반듯하던 수면이 부드럽게
구겨진다. 연회에 초대받은 숙녀처럼 우아한 움직임으로
나아가는 배 위에서 모두 말을 잃는다.

소문 듣고
왔습니다

유명한 여행지가 으레 불러 일으키는 기대감과 실망에 대한
두려움에 싸여, 작은 호숫가 마을에 도착했다. 같은 구도로
찍힌 수십, 수백 장의 사진으로 이미 접한 곳. 이미 이곳을
여행한 사람들이 '그냥 딱 사진 같아'라고 말하는 여행지도
있지만, 할슈타트는 그렇지 않다. 걸음을 멈추게 하고
입꼬리가 올라가게 만드는 사소한 구석들이 몇 걸음마다
나타난다. '짜잔!' 이라기보다는 '여기도 있어요.'라고
나지막하게 부르며 모습을 드러내는 귀여운 모퉁이들을,
동네방네 소문내고 싶다.

시간표는
참고만

비성수기에는 손님이 두세 명뿐인 할슈타트 보트 운전사에게
시간표는 크게 중요하지 않다.
몇 십 분 정도는 여유 부릴 수 있잖아? 싶은. 아무렇지 않은
표정으로 늦게 도착하고는 사과도, 늦은 이유에 대한 설명도
없다.
급한 일정이 아니었기 때문에 할슈타트에 도착하던 날
보트가 늦었을 때는 딱히 화가 나지 않았다.

그러나 며칠 후 다시 기차역으로 돌아가야 할 때 보트가 올
기미가 보이지 않자 '진즉 그 운전사에게 재촉을 해 둘 걸
그랬나?' 하는 후회가 들었다.
늦잠을 잤는지 보트 첫차 시간을 완전히 날리고 그 다음
시간이 거의 다 되어서야 눈곱을 떼고 하품을 하며 나타났다.
배편에 맞추어 기차 시간을 봐 두었기에 당연히 타려던
기차를 놓쳐 일정이 몇 시간 밀리고 말았다.
동네에서 친구들을 만날 때 십 분 늦는 것도 싫은데 여행

중의 몇 시간은 얼마나 금쪽같은지! 뒤늦게 도착한 역에서
기차 꽁무니도 보이지 않는, 탔어야 할 기차가 떠나버린 쪽을
바라보며 혼자 입을 삐죽였다.

호수는 어김없이 잔잔하다.
돌멩이를 집어 물수제비라도 대차게 떠야지 싶다.

국경을 넘었음을 실감하게 해주는 것은 계피와 과일을 넣고
뭉근히 끓여 만드는 따뜻한 와인 음료 이름이 바뀌어 있을
때다.

영어로는 멀드 와인Mulled Wine, 프랑스어로는 뱅 쇼Vin chaud,
독일어로는 글뤼바인Glühwein, 북유럽에서는 글뢰그Glögg.

보통 이름이 크게 쓰여 있지만 그렇지 않은 길거리 가판도 꽤
많다.

큰 항아리에서 보글보글, 끓기 직전의 온도로 덥혀지고 있는
저 음료가 무엇인지 알지만 이 곳이 어디였더라,

어느 나라 말을 쓰는 지역이었더라, 생각나지 않으면

"네, 그거 한 잔 주세요."

알프스, 행복해지기 위해

성당을 구경할 땐 친구 한 명은 밖에 두고 들어가자

비성수기에 할슈타트를 여행할 때 주의해야 할 것은
시간 개념이 없는 보트 운전사만이 아니다.
안에서 열 수 없는 무거운 성당문도 있다. 할슈타트 입구
쪽에 있어 많은 여행자들의 첫 관광 명소인 이 성당의 문은
정말 크고 두꺼운데, 한번 닫히면 안쪽에서 열리지 않을 줄
꿈에도 몰랐다. 열려 있던 것을 누군가 닫고 나가는 소리를
들었는데, 그 철컹-하고 닫히는 소리를 마지막으로 문이
꿈쩍도 않을 줄이야.

밀어 보고 두드려 보며 얼마나 시간이 흘렀을까,
함께 갇힌 또 다른 여행자가 예배당 뒤편에서 나온다.
다행히 그녀의 일행이 바깥에 있어서 전화 한 통으로
반대편의 손을 빌려 문은 이내 열렸다. 잠깐이지만 강하게
느낀 동지의식은 둘의 어색한 웃음으로 순식간에 사라졌다.
다음번엔 친구랑 옵시다, 하고 눈으로 인사하며, 성당 문을
나서 서로 반대 방향으로 몸을 돌렸다.

이건 고생도
호강도 아니야

너무 기쁘거나 슬프면 당연하고 쉬운 일도 제대로
해내지 못한데, 이러한 극적인 상태가 될 때의 나는
대부분 여행 중이다.

할슈타트에서 행복의 한계를 조금씩 밀어 올리며 하루하루를
보내던 중이었다.
어제도 그제도 눈이 와 온통 눈밭에 오후 두 시의 해가 나면
눈이 살짝 녹아 질척질척해지는 것을 잘 알면서도 무슨
정신인지 젖기 딱 좋은 신발을 골라 신고 나왔다.

두 발은 얼음장 같은 흙탕물에 금세 흠뻑 젖었다.
어디로 피할 수 없을 정도로 사방이 진흙탕이다.
오늘 써야 하는 돈과 예산에 대한 생각은 모두 접고, 가장
가까운, 할슈타트에서 가장 비싼 호텔 레스토랑 로비에서
발을 말렸다. 두 발로 바닥을 탁탁 굴러 창피하지 않을
정도로만 흙과 얼음을 털어 내고 "혼자 왔어요" 하고 식당에

들어가 테이블을 잡았다. 차림새만 추스르고 그냥 돌아 나설
뻔뻔함은 없어 밥은 먹고 가야지 싶었다.
잠이 올 정도로 따뜻한 식당에 앉아 코스 요리를 먹으며,
테이블 아래에 잘 숨겨 놓은, 양말까지 축축하게 젖어 찝찝한
두 발이 민망해 꼼지락거렸다.

여행 중 아무리 힘든 일이 있어도 밥을 먹고 나면 한결
나아진다는 것은 진리다. 눈이 더 내리고 기온이 더 내려가
흙바닥이 얼어붙어, 숙소로 돌아가는 길은 험난하지 않았다.
땀으로 끈적거리는 하루를 보내고 맞는 시원한 물줄기,
종일 추위에 떨다 온 온몸을 폭 감싸는 뜨거운 수증기.
가장 좋아하는 계절은 여름이지만 더 반가운 존재는 후자.

하이-호,
하이-호

할슈타트는 B.C. 1000년 무렵, 세계에서 가장 오래된
백금 광산이 있었던 곳이다. 디즈니의 백설공주 만화영화에
나오는 일곱 난쟁이가 살고 있을 것만 같아
아무리 눈에 힘을 주고 보아도 보일 턱이 없는
먼 광산 쪽을 올려다 보았다. 어릴 적 비디오테이프가
늘어지도록 봤던 백설공주 만화영화에서 가장 좋아하는
장면은 일곱 난장이들이 다이아몬드 탄광에서 일하며
부르는 노동요 '하이 호'를 부르는 장면이다.
다이아몬드를 깡깡 두드리는 소리가 난쟁이들의 신나는
목소리와 한데 어울려 엉덩이가 들썩일 수밖에 없는 노래다.

젖은 발을 말리러 통나무집 호텔로 돌아가며 오랜만에 묵은
기억을 꺼내 익숙한 가락을 흥얼거려 보았다.
글이 안 풀리는 날엔 뭐라도 나올까 싶어
동화 속 난쟁이들이 괭이질을 하듯 펜을 콕콕,
종이에 찍어 보는데, 앞으론 노래도 불러야 되나.

여행 중 우산을 펼쳐 드는 하루를 만나면

일기예보로 예상을 했건 하지 못했건, 일정 중 비가 내리면
대부분의 여행자들은 아무래도 억울하다. 특히 하루 종일
비가 오는 날엔 무척이나 무기력해진다고들 한다. 하지만
일정 내내 숙소 밖으로 옴짝달싹할 수 없는 폭우나 폭풍이
아니라면 나는 비를 반기는 편이다. 눈은 대환영이다.
우산을 펴고 산책할 수 있기 때문이다.

할슈타트에서 맞이한 어느 날의 아침에도 눈이었는지
진눈깨비였는지 모를 것들이 일찍부터 보슬보슬 내렸다.
작은 새가 부리로 쪼듯 우산을 톡톡 두드리는 빗방울,
눈송이의 소리, 스스로를 더 꼬옥 끌어안게 하는 한기,
우산을 접고 카페로 들어설 때의 포근함, 습기와 열기가
만나 생성하는 입김, 두 손으로 감싸 쥐고도 남는 큰 머그잔,
찰랑이는 커피.

처방전도 없이 받은
약 또는 독

기억은 일종의 약국이나 실험실과 유사하다.
아무렇게나 내민 손에 어떤 때는 진정제가,
때론 독약이 잡히기도 한다.

_ 마르셀 프루스트 Marcel Proust (프랑스 소설가, 1871–1922)

기억이라는 것이 머릿속 어디에 있는지,
얼마나 깊게 박혀 얼마나 오래 보관되는 것인지는 모른다.
예상치 못한 순간 갑자기 툭, 하고 눈앞에 떨어지면
'아, 아직 기억하고 있구나' 하는 것이다.
가끔은 단박에 알아보지 못하고 꽤 두껍게 쌓인 먼지
더께를 털어 내야 식별할 수 있는, 빛 바래고 퇴색된 기억의
조각들도 만나게 된다.
달란 적도 없는데 무작정 손에 잡히는 이놈들은 반가울 때도,
그렇지 않을 때도 있다.

기억이 반가우면서 반갑지 않을 때가 있음을 깨닫게 되는

순간은 쓰다.

할슈타트 산자락에서 마주할 거라 상상조차 하지 못한 어떤
기억과 느닷없이 부딪히고는 계피 맛 사탕을 입에 넣고
굴리듯 천천히 곱씹었다. 달콤하면서도, 확실히 씁쓰름한
맛이 더 강하다.

이름은 없지만
분명 이곳에도 존재하는 '정'

횃불을 들고 마을을 돌아보는 밤 시간 투어가 있다고 들었다.
만남의 장소 앞에서 오들오들 떨며 기다렸으나 아무도
나타나지 않았다. 바로 옆에 있는 카페에 들어가 목을 길게
빼고 창문 밖을 살피니 동네 사람들이 누구를 기다리느냐
묻는다.
그냥 별 일 아니라고 할 걸, 혹시 밤 투어가 취소된 것은
아니냐를 묻고 말았다. 봇물 쏟아지듯 그것이 무슨 투어인지,
투어라는 것이 원래 있었는지, 투어 시간이 지금이 맞는지에
대한 목소리들이 순식간에 온 공간을 채우고, 이내 열띤
토론이 벌어졌다. 사실 꼭 해보고 싶던 투어도 아니었기에
허탕을 치더라도 상관은 없었는데 일이 커지는 것 같아
갑자기 자리가 불편하다.
시간이 조금 더 지나, 나는 따뜻한 코코아를 마시며 유난스런
동네 사람들을 구경하는 입장이 되었다. 투어보다 이편이
훨씬 재미있어 이제는 투어에 대한 미련은 완전히 사라졌다.
결국 카페 주인이 나가 관광청 직원의 집을 찾아가 어찌 된

일인지 알아보았다.

시간도 늦었고 또 횃불 준비가 안 되어 손전등을 들고 돌아
다녀야 할 것 같지만 원하면 진행할 거라는 답변을 들었다.

대체 얼마나 재미있기에 네가 꽁꽁 얼며 바깥에서 계속
기다렸는지 우리도 한번 가보자는 마을 사람들의 말에 꼭
가야 하는, 상당한 규모가 있는 투어가 되어 버렸다.

마음의 반은 그냥 숙소로 돌아가 쉬고 싶었지만 이제와
도저히 그냥 가겠다고 할 수가 없어서 따라 나섰다.

그렇게 전기가 미치지 않는 어두운 골목과 계단, 건물을
조용한 발걸음으로 살폈다.

정이라는 단어가 우리의 고유한 말이라 하지만, 이러한
감정이 한국에만 국한된 것은 아니다.

그네들의 언어로는 표현하기에 이렇다 할 단어가 없는
마음, 진심, 씩 지어 보이는 웃음, 그 모든 것이 정과 같다.

알프스의 작은 호반 마을 할슈타트에도 있었다.

마다하고 싶지 않은, 감사한 오지랖과 정이.

새벽 세 시에 깨면 다시 잠을 청한다. 새벽 다섯 시에
눈이 떠지면 평소보다 한 시간 정도 일찍 하루를 시작한다.
새벽 네 시는 모호하다. 이 시간에 잠이 깨면 정신이 금세
또렷해져 다시 눕기는 글렀다 싶다.
그리고 바로 이 때 가장 영양가 없는 생각들이 마구
솟아난다.

하루 중 가장 어두운 시간이라고 한다. 이때의 적막을
좋아하는 소녀가 가장 친한 친구에게 새벽 네 시를 보여주기
위해 파자마 파티를 하는 프랑스 영화도 있었는데, 제목이
기억나지 않는다. 영화 속 두 소녀는 깔깔대고 떠들다 잠이
푹 들어 첫 날 밤은 새벽 네 시를 함께 보지 못한다. 작정하고
새벽 네 시에 일어나기란 쉬운 일이 아니니까. 시행착오를
두어 번 더 겪고는 마침내 성공하는데, 소녀들은 '거봐, 정말
조용하지?' 라는 식의 감상은 한 마디도 않은 채 침묵으로
감당하기 쉽지 않은 칠흑 같은 시간과 공간을 대한다.

알프스, 행복해지기 위해

아침 이슬들이 잎사귀에 맺혔다가 또르르 떨어지며 문을
두드리는 소리가 들린다.
혹시 내가 다시 잠든 것은 아닌지 확인 차 깨우는 소리다.
나의 타고난 기질 중 하나가 일찍 일어나는 것이다.
밤을 새면 3일은 정신을 못 차리지만 아침잠은 없다.
잠이 깼다고 말해야 할지 일어났다고 말해야 할지
모를 시간에, 소녀들이 말없이 느끼는 적요한 시간에,
침대에서 몸을 일으켰다.

계피 가루 ───────────

무엇을 마시건 시나몬 가루를 위에 톡톡 뿌리면
늦가을, 초겨울 기분이 난다.
코끝까지 꽁– 얼어 아무 냄새도 맡을 수 없는
맹추위의 한겨울과 다른 맛.
도톰한 소매가 손등을 덮는 느낌이 딱 마음에 드는
편한 스웨터에 파자마 바지바람으로 천천히 준비해
마시는 뜨끈한 차이 티와 우유.

냉기가 감도는 아침에
오롯이 누리는 성대한 호사.

여행자의 집

숙소에서 얼마나 많은 물리적인 시간을 보냈는지는
중요하지 않다.
한밤중에 갑자기 눈이 떠졌을 때 헤매지 않고
자연스럽게 불을 켤 수 있다면,
종일 나다니다 돌아 왔을 때 마음이 놓이고
몸의 근육들이 이완된다면,
호텔 프런트 직원에게, 호스텔 주인에게 화장기 없는
맨 얼굴과 다듬지 않아 부스스한 머리칼을 한
'꼬라지'를 보여줄 수 있다면, 그리고 그 꼬라지로
'굿모닝' 하고 웃을 수 있다면
그곳은 이미 집이다.

알프스, 행복해지기 위해

알프스, 행복해지기 위해

알프스, 행복해지기 위해

바바리안 알프스

4

독일 바바리아주와 오스트리아와의 경계를 이룬다. 경사가 급격하게 솟구쳐 산 앞에서 올려다보는 산세의 경치가 극적이다. 300여 개의 호수가 사파이어처럼 빛나는, 유난히 푸른 지역으로 인기 휴양지다. 스키는 12월부터 4월까지, 하이킹과 주변의 작은 마을들 구경은 5-11월이 좋아 일년 내내 세계 각지에서 찾는 손님들을 쉴 틈도 없이 응대한다. 최고봉은 높이 2,952미터의 추크슈피체Zugspitze.

○ 린다우 LINDAU　　○ 뮌헨 MÜNCHEN　　○ 미텐발트 MITTENWALD

독일에서 친구를 만났다.

"무얼 시킬까?"
"너 먹고 싶은 거!"

커피 한 잔을 시키면서도 그냥 웃음이 나는, 큰 노력 없이
서로의 존재만으로 좋은 시간을 보낼 수 있는 그런 친구를
여행 중에 만났다.

동네 친구가 "나와!" 외치는 한 마디를 듣자마자 전화를
끊고 뛰쳐나가는 것도 좋지만, 멀리 떠나와서의 랑데부는
특별하다. 함께 떠난 여행이 아닌, 나의 여행과 너의 여행의
격정적이고 예상할 수 없는 두 곡선이 우연히 교차하여
만나게 되는 것은 정말 좋다.
내 또래에겐 사춘기의 상징과도 같은, 사방으로 제멋대로
뻗쳐 대는 통제 불가능한 귀밑 3센티미터 단발머리를 한,

내가 열 다섯 살 때 처음 만난 오랜 지기다. 가나다 순으로 줄
세워 놓은 출석부 덕분에 중학교 2, 3학년 내내 앞뒤 번호를
쓰던 짝지다.

덜 여물어 어설프고 소득 없던 첫사랑을 끝낸 또 다른 친구가
여태까지 남자친구가 했던 얘기가 다 거짓말 같다며 어찌
그럴 수 있냐고 하소연하자 "헤어지는 순간부터 사랑한다는
말부터 거짓말이 되잖아"라며 조숙하게 위로를 하던 모습을
옆에서 바라보며 참 따뜻하고 의젓하다 생각했던 친구다.
십 수 년이 지난 지금에도 여전하여 고맙고 다행인 너다.

케이크 한 입을 베어 물었다.
교복 입은 너의 어리고 달콤한 얼굴이 겹친다.
왜 웃느냐는 말에, 더 크게 웃어 보였다.

님이 와야만 반짝이는 금발을 늘어뜨린다고 들었는데,
린다우의 라푼젤은 하루 종일 창밖에 무거운 머리를 내놓고
있다.

아무도 붙잡고 오르지 않는다. 별 가득한 하늘을 바라보며
설레는 표정으로 누군가를 기다리고 있을 그녀가 슬프다.
어쩌면 체념한 듯 눈을 감고 습관처럼 머리를 밖으로 내어
놓은 것일까. 모두를 위한 것이지만 누구를 위한 것인지 몰라
아무도 오르려 하지 않는다.

맥주를 마시며 1 ────────

독일이 잘하는 것 세 가지를 꼽으라면 소시지, 맥주,
크리스마스 마켓이 되겠다.
고로, 독일에서 해 볼 수 있는 최고의 경험은
크리스마스 마켓에서 소시지와 맥주를 먹는 것이다.

한 옥타브는 더 높은 음색으로 "우리 정오부터 맥주할까?"
외쳤다. 평생 누군가에게 들려준 내 목소리 중 가장 달뜬
색을 띠었다.

좋아하는 사람에게 나만 알던 맛있는 곳을 소개하는 것은, 그
곳에서 가장 유명한 메뉴를 먹이는 것은 행복한 일이다. 네가
"캬! 진짜 맛있다!"하고 외치는 소리는 참으로 청량했다.
눈을 질끈 감게 하는 레몬의 신 맛과 어우러지는 쌉싸래한
라들러는 순풍이 부는 여름날의 파도처럼 목 넘김이
거침없고 반드러웠다. 겨울 코트를 단단히 입은 우리는 여름
바캉스족들처럼 맥주병 속 넘실대는 물살에 온 몸을 던졌다.

"여기 사람이 산다니" 하는 너의 감탄.

몇 년 전 내가 여행 중 했던 말이라고, 네가 여기에서 같은
표정으로 같은 말을 하는 것이 재미있다 말하지 않았다.
속으로 생각하고 그냥 배시시 웃었다

"왜 웃어? 너도 신기하지?"

물어오는 네가 사랑스럽다.
내 것이 아닌 목소리로 내 생각을 듣는 것은
참 흐뭇하구나.

알프스, 행복해지기 위해

애정을 담아
보험에 가입합시다

기억력에는 상당한 자신감이 있다. 더욱이 깊은
인상을 남긴 장면이나 순간을 기억하는 능력에는 거의
백 퍼센트의 믿음이 있지만, 가끔 사진이라는 보험을
들고 싶을 때가 있다. 그럴 때 온 마음을 담아
셔터를 눌러 찍은 사진과, 일로써 의무감에 찍어가는
박물관의 정면 사진은 완전히 다르다.
사진을 어루만질 때 손끝에 느껴지는 온도와 질감과
피어오르는 향기까지 전부 다르다. 프레임 밖의 웃음소리가
들리는 사진들은, 아직 쓸 만하지만
언제 소리 없이 스러질지 모르는 기억력에 대한
든든한 보증이다.

루트비히 2세의 사랑은 ─────────
공사 중

겨울 여행의 단점은 너무 많은 관광지들이
문을 닫는다는 것이다.
정말 가고 싶었던 노이반슈타인 성도 겨우내
보수 공사를 하고 있었다.
물론 겨울이건 여름이건 아랑곳하지 않고 일 년 내내 문을
닫아거는 관광지도 있으니 몇 달만 휴업하는 것에 감사해야
할 판이지만, 내가 찾아 갈 때 열지 않으면
몇 달이건 몇 년이건 무슨 상관이랴.

오스트리아로 시집간 사촌 씨씨 공주를 열렬히
사랑했던 루트비히 2세는 실연 후 바그너의 음악에 슬픔을
달랬다. 왕은 오페라 〈로엔그린〉에 등장하는 백조의 전설에
매료되어 이것을 형상화한 노이반슈타인 성을 짓는데 전
재산과 17년이라는 시간을 쏟아 부었다.
정신병으로 폐위되고 성 부근의 호수에서 의문의 변사체로
발견되었다는 그의 비극적인 말로는 성을 모델로 삼은

디즈니의 신데렐라 이야기와는 딴판이다.

죽으면 성도 함께 불태워 달라 했다던 왕의 유언은 지켜지지 않고 성은 아름답게 그 자리를 지킨다.
왕은 찾아오는 많은 사람들의 발걸음에 위로를 받고 있을까?
아니면 많은 연인들의 행복한 미소가 아프고 싫을까? 후자일 것 같다.
속상한 마음에 심술을 부리느라 성이 자꾸 여기저기 아파서, 자꾸만 보수 공사가 필요한 것 같다.

미지근한 귤

귤은 차가워야 제 맛인데, 아침에 들고 나온 귤을 오후에
까먹으려니 미지근하다.
그래도 알알이 느껴지는 과립은 충분히 상큼하다.
유럽의 귤은 많이 질기다.
왜 그럴까.

다른 토양에 심어져 다른 방향과 다른 온도로 몰아치는
비바람을 견디고 다른 각도로 내리 쬐는 태양 아래서
다른 손길에 길러졌으니 당연히 뭔가 달라도 다르겠지만.
같은 하늘 아래 사는 사람들 사이에서도 더 질기거나
더 말랑한 사람이 있잖아.
오늘도 야문 결론은 맺을 수가 없다.

여행 중 유일하게 아쉬운 것은 과일이다.
탱글탱글하고 큼직한 딸기와 벌레 먹지 않은 댕댕한 포도가
집밥만큼이나 그립다.

알프스, 행복해지기 위해

여행을 기록하는
사람들의 타입

어떤 사람은 돌아와 가방도 제대로 걸지 못하고 노트를
꺼내 일기를 쓴다고 했다. 내 취향은 아니지만 발아래
보도블록부터 점심때 쓰던 포크와 나이프까지 여행의 모든
것을 다양한 각도에서 여러 개의 카메라로 찍어 사진으로
남기는 친구도 있다. 한편 그냥 잊고 살다가 갑자기 여행
중의 단편적인 여담이 떠올라 혼자 웃는 사람도 있다.

나는 일정을 마치고 호텔에 돌아와 긴 목욕을 하고, 가만
잠이 들었다 이른 새벽에 일어나 지난 하루를 기록한다.
조식도 시작하지 않은 이른 아침, 공들여 예쁘게 화장한
얼굴로 글을 쓰고 사진을 정리한다. 어쩔 땐 눈곱도 떼지
못하고 펜부터 잡고 앉아 금방 기억에서 사라질 꿈같은 전
날의 기억을, 쫓기듯 기록한다.

여행 BGM

여행 중 가장 당황하는 순간은 MP3 배터리가 방전될 때다.
깜빡이는 경고등을 보았지만 내 정신이 더 일찍 전원이 꺼져
버려, 충전할 기력이 없어 눈을 감는 밤이 있다. 스러지듯
잠이 들었다 일어나 얼굴에 물만 몇 방울 묻히고 나와 보니
MP3가 곧 긴 잠에 빠져버릴 거라고 경고를 한다.

영국에서는 비틀즈와 롤링 스톤즈,
프랑스에서는 에디트 피아프,
이탈리아에서는 가곡을 들었다.
하지만 알프스라고 요들송을 듣는 건 내키지 않는다.

외딴 섬에 단 한 장의 레코드를 가져갈 수 있다면
무엇을 가져갈 건지, 라는 식의 쓸데없는 질문에 답한 적이
한번도 없었던 나였다. 막상 딱 한 곡만큼의 배터리가
허락되자 심각하게 고민된다.

알프스, 행복해지기 위해

기차에서 듣는 마이클 잭슨.
문워크로 산맥을 뒤로 돌아 미끄러져 내려가고 싶다.
심장 박동과 빌리 진의 808 베이스 사운드가 발을 맞춰
나란히 뛴다.

단 한곡의 노래라도 들을 수 있다면 제 시간에 오지 않는
연착되는 기차도 다 괜찮다, 다 좋다.

모래 바람이
분다

마음은 깨진 모래시계와 같아
새어 나온 모래가 눈앞에 수북하다.

열심히 빗자루로 다 쓸어버렸다고 생각했는데
모래 한 알이 어디에선가 불어온 바람을 타고 눈에 들어가
눈물을 쏙 뺀다.
꺼내 보려 아픔을 무릅쓰고 마구 비비니 눈물이 줄줄 흐른다.

한꺼번에 치울 거야.
다 쏟아내고 나면.

그리 머지 않았다.

알프스, 행복해지기 위해

이 마을이 계절을 알리는 방법

고요한 산골마을 미텐발트는 일 년에 딱 두 번 요란하다. 열두 달을 상징하는 열두 명의 종치는 사람들 쉘렌루레르Schellenrührer들이 시내의 성당 종을 치는 것으로 봄을 알리고, 미텐발트 뒷산에 사는 야생 양과 염소들을 종을 울려 불러 모으는 것으로 가을을 알린다.

일상이 고단하여 달력을 뜯어낼 새도 없이, 겨울옷을 접어 좀약과 함께 서랍 깊숙이 찔러 넣고 나프탈렌 냄새 폴폴 풍기는 봄 원피스를 오랜만에 탈탈 털어 걸 틈도 없이 사는 사람들이 있을까 하는 마음에, 마을은 친절한 종소리로 1년 만에 돌아온 계절을 알려준다.

여름과 겨울은 땀과 기침으로 쉽게 알 수 있기에, 짤랑이는 계절 알림 행사가 봄과 가을에만 있다는 점도 뭔가 흐뭇하다. 이미 와 버린 봄의 미텐발트에 도착하니 종치기들과 염소와 양들은 어디에 숨은 것인지 고요하다. 모두가 봄옷 차림이다. '종이 쳤으니 겨울옷은 집어넣어야지' 하는 말은 반박의 여지가 없는, 깔끔하게 결론이 맺어지는 것 같아 환영이다.

당당한
게으름

파리의 에펠탑과 루브르, 뉴욕의 자유의 여신상,
런던의 빅벤을 안 보고도 그 도시를 여행했다고 할 수 있음을
믿어 의심치 않는다. 일정 내내 미루고 미루던 추크슈피체에
오를 마음은 역시 마지막 날 눈을 떴는데도 한 톨도 생겨나지
않았다.
이 지역 산맥에서 가장 높은 봉우리라는 말은 내게 아무
감정도 불러일으키지 않았다. 따스한 봄바람에 실려 오는
꽃향기에 취해 설산에 대한 감흥이 도무지 생겨나지 않았다.
낮은 고도의 경사 없는 길을 일부러 헤매는 편이 훨씬 더
좋았다.

그래서 '안 갈래' 하고 소리 내어 말해 보았다.
마음 속으로만 단념하는 것과 입 밖으로 말하는 것은 다르다.
누가 들었을까 싶어 두리번거리게 될 정도로, 내 결정에
실감이 난다.
공부를 할 때도 손으로 반복해서 적는 것보다 소리 내어

읽으면 더 기억이 잘 된다고 하는 것처럼 청각의 위력은
상당하다.

목소리에 스며들어 있는 단호함에 괜스레 안심이 된다.
그래서 못 본 체하기 어려운 그 큰 산봉우리를,
나는 하루 종일 모른 척했다.

뛰어 내리는 높이를
알고 뛴다는 것

고소공포증이 있는 사람들은 번지점프와 스카이다이빙이
가져다 주는 아드레날린의 쇄도에 열광하는 사람들을
이해하지 못한다. 그렇게 무서울 것을 알면서 자발적으로
그런 짓을 한다는 것이 광기처럼 느껴진다는 것이다.

뒤에서 함께 뛰는 가이드가 헬리콥터 끄트머리에서
등을 떠밀어 눈을 제대로 뜨는 것이 불가능할 정도의
가속도로 수직 하강하는, 가늠이 되지 않는 높이에서
떨어지는 스카이다이빙보다 발목에 감긴 굵은 줄 하나에
목숨을 맡기고 스스로 점프대에 올라 발을 굴러야 하는
번지점프가 열 배는 더 공포감이 크다는 것을 안다.

그럼에도 나는 어디로 어떻게 떨어지는지를 알면서 떨어지는
편을 선호한다. 얼마나 무서울지를 알고 그것을 감행하는
것이 실제로 닥칠 일을 모르고 겪는 것보다 낫다. 아무리
하찮은 일이라도, 모르고 마주하는 것은 정말 싫다.

알프스, 행복해지기 위해

카르벤델Karwendel 케이블카를 타고 작은 언덕에 올라 오스트리아의 티롤 산 너머를 구경하고 호숫가에서 점심을 먹으려 했다. 스키 리프트처럼 아무 생각 없이 두 다리를 건들거리며 편히 타는 줄로만 알았다가 삐걱대는, 있으나 마나한 안전 바와 생각보다 세찬 바람, 그리고 보이지 않는 종점에 겁이 덜컥 났다.

발바닥에 땀방울이 맺히기 시작하고 두 다리가 관절이 없는 듯 뻣뻣하게 굳는다. 도착해 내린 뒤 번지점프를 한번 더 뛰느니 카르벤델 케이블카를 열 번이고 더 타겠다고 할 수 있을 정도로 별게 아니었지만, 케이블카를 처음 탄 순간 몰려든 무지의 공포는 그 어떤 것과도 견줄 수 없이 컸다.

좋은 소리가 나는 악기를 만드는 바람과 태양

미텐발트 MITTENWALD

17세기부터 수제 명품 바이올린의 고장으로
이름을 떨친 미텐발트에는 아직도 바이올린을 만드는
학교와 작지만 알찬 전시의 바이올린 박물관이 있다.
짝지인 활과 떨어져 숨을 죽인 200여 개의 바이올린들이
벽에 걸려 있다. 온화한 기후와 선선한 바람 덕분에 목재가
악기를 만들기 좋게 잘 마른다고,
하늘이 점지해 준 현악기 제조지라는 자부심이 대단하다.
물론 수 십 년간 단련한 뛰어난 기술자의 기량도
중요하겠지만 하늘이 도와주지 않으면 아무 소용이 없다.
훌륭한 빈티지 와인은 절대 와이너리의 기술이나
운으로 만들어지지 않는다. 그 해의 일조량과 바람이
관건이다. 나를 좀 더 좋은 악기로 만들어 주는 선기와
햇발을 찾아 날고 뛴 지도 이제 십 년이 넘었다.
아직 목청껏 소리를 내 볼까 하는 확신이 드는 그런 기운은
만나지 못했지만 올해 맞는 바람이 꽤 괜찮은 것 같다.

목청 큰 알록달록한 벽화들과 대화를 나누다

종은 울리지 않으나 대신 미텐발트 건물들의 외벽이
시끄럽다. 술잔을 부딪치고 주정을 부리고, 노래를 하고
시도 읊조리고, 사랑 고백을 하고, 사소한 오해로 목소리를
높여 다투는 모습들이 모두 미텐발트 시내 여러 건물들에
프레스코화 루프트말레레이엔Lüftlmalereien이 그려져 있다.
사진을 찍고 떠나지 못한다. 걸음을 멈추고 벽화와 마주본다.
들린다. 그들의 목소리가.

걸음을 멈추고 시간을 주면 누구나 할 말이 있다는 것을 알게
된다. 무척 수줍은 사람이라도 지그시 바라보고 기다려 주면
목소리를 들려준다. 수 백 년 된 돌벽이 십 분도 되지 않아
재잘거리기 시작한다.

알프스, 행복해지기 위해

알프스, 행복해지기 위해

알프스, 행복해지기 위해

알프스, 행복해지기 위해

페나인 알프스

Pennine Alps

5

마터호른Matterhorn, 몬테로사Monte Rosa 등의 유명한 봉우리를 갖고 있는 높고 높은 서쪽 알프스 지대. 스위스 발레Valais와 이탈리아의 피에몬트Piedmont에 걸쳐 있다. 최고봉은 몬테로사(4,634미터).

○ 루가노 LUGANO ○ 체르마트 ZERMATT

스위스에
이탈리아 한 스푼

물과 기름처럼 완전히 사이가 나쁜 건 아니지만,
기다렸다는 듯 완벽하게 섞이지는 않는,
이탈리아와 스위스가 딱 반반씩.
두 가지 색의 물감이 한 팔레트 위에서 천천히 섞이는 모습을
보고 있는 기분이 든다.

스위스는 스위스인데, 스위스하면 떠오르는 억 소리 나는
시계 브랜드 상점 대신 노천카페와 현대 미술 전시, 에르메스
쇼윈도 앞에서 한참을 머무르는 멋쟁이 노신사가 있다.
몸놀림이 재빠른, 이탈리아의 기분 좋은 분주함이 있다.
마드모아젤과 세뇨리따를 하루에 열 번씩 들을 수 있는 곳.
나도 봉쥬르와 본 조르노를 번갈아 꺼낸다.

본 조르노
프린치페사!

〈인생은 아름다워La Vita e Bella〉
굉장히 오랫동안 미뤄왔던 이 명작을 보고 나서, 평생 감상한
영화들을 모두 통틀어 가장 좋아하는 대사를 만났다.

"공주님 좋은 아침이에요."

미간을 찌푸리고 어깨를 움츠리게 하는 닭살 돋는 선수의
멘트도 로베르토 베니니가 외치면 담백하고 유쾌하다.
수많은 제스추어와 함께 노래하듯 말하는 이탈리아어는
누구의 입에서 나와도 아름답지만, 로베르토 베니니만큼
오페라처럼 이탈리아어를 노래하는 사람은 없다.
밀라노에서 온 버스에서 우르르 쏟아져 내리는 이탈리아
어를 듣고는 돌연히 그가 그리워 본 조르노 프린치페사Buon
Giorno Principessa, 하고 말해 보았다.
깨질 염려 없는, 달걀이 들어 있지 않은 호주머니에 손을
깊이 푹 찔러 넣고 다시 걸음을 재촉했다.

사실 공주를 외치는 남자보단
나와의 교집합 면적이 넓은 사람

아직 나와 겹치지 않은
그의 벤다이어그램이 궁금해지는 사람.
내 쪽의 원을 궁금해 하는 사람.
내 쪽이 세모인지 네모인지 마름모꼴인지
알고 싶어 하는 사람.
아니, 선험적으로 나를 아는 사람.
아니, 그건 너무 욕심 부리는 것 같아.

감정 메트로놈

오늘은 BPM이 무척 느린 날이구나,

일어나면서부터 알 수 있다.

아, 오늘은 힘들겠구나, 하는 생각으로 눈을 뜬다.

왼쪽 끝에서 오른쪽 끝으로 이동하여 딸깍 소리를

내기가 그렇게 힘들다.

몸도 마음도 무거워 이불도 천천히 개고 양치도

굼뜨게 하고, 꼴도 보기 싫은 상사가 있는 직장으로 출근하는

마냥 어기적어기적 문을 나선다.

피아노 위의 메트로놈처럼 누가 나를 손으로 빠르게

통겨줄 수 있는 것이 아니기에, 하루 종일,

다시 잠들기 전까지 이런 식으로 무겁게

딸깍이는 수밖에 없다.

호숫가에서
단어 줍기

가끔 물어 오는 사람들이 있다.
에세이를 쓸 때와 가이드북을 쓸 때 무엇이 다르냐고.
가이드북은 철저하고 꼼꼼한 사전조사와 제한된 시간과
정확한 정보 사이에서 균형 잡기를 하며 체력을 소진하는,
부지런히 계획을 이행하며 제작한다.

에세이는 여행을 하며 우연히 줍는 단어들을 꿰어 만든다.
목걸이처럼, 이상한 부분이 보이면 아예 다 풀어 헤쳐
처음부터 다시 꿰기도 하고 과감히 가위를 대어 새 실에 옮겨
꿰기도 한다.

잉크 낭비나 하면서 몇 장을 낙서하며 버리다, 어느
방향인지도 모를 곳에서 밀려오는 감정을 나타내는 단어를
발견하였을 때 유레카를 외치며 냉큼 주워 쓴다.
루가노 호숫가에 있는 작은 동네 모르코테Morcote의
별명은 '체레지오Ceresio(루가노 호수)의 진주'. 진주 빛

햇살이 수면 위로 반짝이는 곳.

무척 작아 금방 전부 돌아본 모르코테의 노천카페 테라스에

앉아 오랜 시간 목걸이를 꿰었다.

누구 목에 걸릴지 몰라 넉넉하게 진주알을 열성껏 꿰었다.

그냥 그런 날들

입술을 피가 나게 깨물어야 버틸 수 있는 날이 가끔 온다.
별 이유는 없다.
'그냥 그런 날이 있지'라는 말로만 설명이 되는 날들이다.
갑자기 서럽고 지쳐 모든 것을 놓고 싶은 마음이 드는 날.
사실 무언가를 그리 꽉 잡고 있던 것도 아니었는데,
느슨히 잡고 있던 여러 개의 끈들을 잠시만 내려놓고 싶다.
다시 잡지 못할까 두려워 손가락에 끈을 건 채 잠깐의 휴식을
취하지 못하는 많은 사람들의 입술은,
모두 꽉 깨문 이 아래로 하얗게 질려 있다.

무라카미 하루키의 선물론

하루키는 좋은 선물에서는 선물을 주는 사람의 에고가
느껴지지 않는다고 했다. 받는 사람의 입장을 잘 헤아려
선물을 골라 온 것이다. 어느 책에서 읽은 구절인지 기억은
나지 않는다. 듣자마자 고개를 크게 끄덕였다.
거창한 날의 부담이 없어도 선물 고르는 것을 못하는 몇몇과,
훨씬 더 큰 그들의 에고가 떠오른다.
차라리 원하는 걸 말해 달라는 그들에게 차라리
선물을 안 받겠다고 답하던 것이 기억이 난다.
장난감 뽑기 기계에서 오백 원짜리 팔찌라도 좋은데
그걸 왜 못 골라? 하고 물으면 뽑기 기계 팔찌가
가지고 싶은 거냐고 되묻던.

오늘은 빨래 널기　　　　　　　　　　　　　　　　　　　　　　루가노 LUGANO
좋은 날씨

나에게는 평생 기억될 매우 특별한 여행 중 하루가
그곳에 사는 사람들에게는 그저 평범한 여느 날이라는 것이
가끔 부러우면서 신기하다. 뽀송하게 잘 마르고 있는, 겨울에
덮기 딱 좋은 도톰한 이불에서 섬유 유연제 냄새가 나는 것만
같다. 나에게는 평생 잊을 수 없는 오늘이 삼층 네 번째 집
사람에게는 그저 볕이 좋아 빨래를 널었던, 기억할 필요가
없는 일상적인 날이다.

이곳이 우리 동네가 아니고, 저 이불이 내 빨래가 아니어서
아쉽다. 그럼에도 나는 오늘을 특별하게 기억하는
사람이라서, 내일도 잊지 못할 날일 것을
알고 있어서 행복하다.

먼저 떠난
루돌프

여행 작가라고 해서 여행의 매 순간을 즐기지만 않는 것처럼,
직업이 산타라고 해서 자기 일을 하는 동안 힘든 순간이 아주
없지는 않을 것이다. 루돌프가 썰매와 먼저 가 버리면 산타는
그 무거운 몸으로 대롱대롱 지붕에 매달려 위로도 아래로도
옴짝달싹 못할 수도 있고, 집집마다 산타를 위해 정성껏
만들어 놓는 쿠키와 우유를 한 입씩 먹다 보면 다이어트는
꿈도 꿀 수 없겠지.

해마다 이것저것 최신 장난감을 원하는 아이들의 편지도
전부 읽어야 하고, 착한 아이와 나쁜 아이를 구분 지어야
하는 고충도 상당할 것이다. 이 세상은 착한 일만 하는
아이와 나쁜 짓만 하는 아이로 나눠지지 않으니까.
어디로 분류할지 애매한 아이들이 엄청 많을 것이다.
그러니 나도 종일 호텔 침대에 누워 룸서비스를 시켜 먹으며
한국 인터넷 기사만 읽고 싶은 마음이 드는 날도 있는 거다,
하고 아침의 늑장을 애써 합리화. 내가 탈 썰매는 오늘 오지
않았다.

숨을 헐떡이며 올라와 세상 가장 깨끗한 공기를 가득
충전한다.
그 어떤 비상식량보다 마음이 든든하다.
오로지 도착하는 것만을 목표로 쫓기듯 올라오는 것과
눈부신 하얀 설원을 조금이라도 더 빨리 보려 헐떡이며
오르는 것은 같지 않아.

1년 중 300일 해가 난다고 한다.
밝고 맑은 이곳을 쫓기듯 찾는 사람은 아무도 없다.

렌즈도 뿌옇게 감동한 맛있는 냄새.

열심히 일하고 돌아와 밥상을 마주하는 기분.

세상에서 가장 감사하고 반가운 부엌의 실루엣.

이 빠진 그릇에 담아 낸 숭겅숭겅 썰어 낸 감자볶음,

고슬고슬한 쌀밥 한 그릇 먹고 싶고나.

겨울엔 밥맛이 쉬이 돈다.

모든 걸음을 ──────────
허투루 내딛지 않아야

"오르려면 올라라. 하지만 용기와 힘은 신중함 없이는
아무것도 아니라는 것, 그리고 순간의 방심은
평생의 행복함을 무너뜨릴 수 있다는 것을 기억하라.
그 무엇도 서두르지 말아라. 모든 걸음을 잘 살피며 떼어라.
그리고 시작할 때부터 무엇이 그 끝에 있을지를 염두에 두어라."
_ 에드워드 휨퍼 Edward Whymper 《알프스 등반기》 중

몬테 로사 호텔 앞에는 산악가 에드우드 윔퍼의 동판이 있다.
그는 마터호른 초등정을 이루어 내고 하산을 하다 네 명의
동료를 잃었다.
지금이야 많은 사람들이 약간의 모험심만 가지고도 오를
수 있는 곳이 되었지만 당시 마터호른은 알프스 최후의
난제였다고. 리프트를 타고 마터호른이 보이는 건너편
봉우리로 쉬이 올라와 감상만 하는 내가 되새길 말은
아니지만 분명 무언가의 초등정을 앞둔 사람에게 도움이 될

말이다.

돌다리를 두드려 보는 것도 중요하지만 돌다리가 안전하다고
뛰어 건너지 말라는 것이다.

언제 다시 와도 같은 길을 찾아 갈 수 있도록 천천히
내딛어야 한다. 뛸 수 있는데 일부러 더디게 가는 것은
속도의 경쟁 시대에서 가장 힘든 일 중 하나일 것이다.

작은 웜퍼 동판을 지나칠 때마다 걸음이 느려진다.

제설작업이 잘 되어 있어 그리 미끄럽지 않은데도 조심스레
발을 들어 앞에 사뿐히 놓았다.

스키를 빌리는데 여권이 필요할 거라는 생각을 못했다.
당연한 것을. 숙소까지 다시 갔다가 나오면 스키를 대여하고
옷을 갈아입고 리프트권을 사고 나서는 반나절도 타지 못할
것 같았다. 서둘러 빠릿하게 다 해치우기엔 풀이 꺾이고
김이 빠졌다. 오늘 하루가 뚜껑을 열어 놓은 탄산음료가
되어버렸다. 결국 그게 그것 같아 보이는 시계 구경이나
하고, 예정에 없던 하이킹을 잠깐 하고, 스키 렌탈비로
가지고 왔던 예산은 퐁듀 큰 냄비에 썼다.
의도적이지 않아 참으로 바보 같다 속으로 열 번도 더 외친
하루의 끝에 서서 돌아보니 큰 소득 없이 보낸 시간들이
나름 알차게 모였다. 뒷걸음질로 쥐 잡은 소처럼 눈만 몇
번 멋쩍게 껌뻑이고, 거의 손대지 않은 카메라에도 밥을 줄
필요가 없어 일찍 자는 밤.

이 표현이 그렇게도 별로였다. 정말 나쁘지 않아서
나쁘지 않다고 말하는 경우가 많지 않았기 때문이다.
좋으면 좋다고 말하지 왜 즐겁게 다녀와서, 맛있게 먹어
놓고, 깔깔 웃어 대고는 '나쁘지 않아'라고 평하는지 이해가
되지 않았다.
반대로 생각해보면 정말 나쁘지 않은 것에 크게 즐거워하고
너무나 행복해하는 내가 이상했겠지만, 난 나쁘지 않은 것엔
나쁘지 않다고 하고 대단한 것을 대단하다 표현했던 것으로
기억한다.
둘이 있었을 때 대단한 일이 많았기에 그렇게 표현한 적이
잦았을 뿐.

거대한 알프스처럼 대단한 하루하루를 보내며, 매일 목청껏
기분이 좋다 외치던 끝에 엄습한 센치함에 펜 끝을 적셨다.
들을 때마다 마음속으로 한껏 찡그렸던 그 말이 떠올라
적었다.

여태까지 여행을 하면서 관광청사무소에서 나누어 주거나
인터넷에서 찾을 수 있는 지도를 벗어난 적은 딱 두 번
있었다. 처음에는 베를린에서, 그리고 여기 체르마트에서.
덕분에 이름은 모르지만 타이밍 좋게 종을 치는 시계탑을
볼 수 있었다. 베를린 그 큰 도시의 중심부를 벗어날 때는
공포감이 대단했지만 체르마트에서는 사실 얼마만큼 어느
방향으로 가고 있는지 잘 알지도 못했다.
지도 바깥으로 나가면 지도를 참고할 필요가 없어서 더
편하게 돌아다닐 수 있어 오히려 좋았다. 아는 공포가 모르는
공포보다 덜 하다 했었는데. 살다 보면 단호하게 주장했던
것을 번복해야 하는 순간이 생각보다 잦다.

지도 밖은 여행하면 안 되는 곳으로 생각하는 여행자들이여,
직사각형 테두리를, 숫자와 알파벳이 만드는 네모 칸 안에
자리한 명소들을 차례로 지나 그 밖으로 나서 보라.
미지의 세계를 점령하라.

알프스, 행복해지기 위해

사진기를
찾지 않는 순간

카메라를 찾아 찍기까지의 몇 초는 스쳐 지나가는
풍경을 담기엔 너무 긴 시간이다.
그럴 땐 그냥 기록하기를 포기해야 한다.
그런 아주 짧은 순간들은 다시 그 곳으로
돌아가 마주해야 한다.

얼룩

흔적도 자취도 아닌, 얼룩.

언제나 더 강력한 표백제를 찾아다닌다.

쳇바퀴 같은 일상 중 같은 자리에서 뛰면서도, 색다른 것을
찾아 먼 길을 떠나와서도, 언제나 찾고 있다. 흔적도 없이
말끔히 지워줄 그것을.

두고 온, 보고픈 얼굴들이 또렷이 기억나지 않아 발을
동동 구른다. 선 하나도 남기지 않고 잊어야 할 얼굴들은
희미하게나마 아직까지 남아 있다.

알프스, 행복해지기 위해

맥주를 마시며 2
– 쉐 브로니 Chez Vrony

입 속까지 얼어붙을 것 같은 강추위인데도 최근에 마셔본
것 중 가장 맛있는 맥주를 한 병 싹 비우고 나서야 이곳이
마터호른이라는 것을 알게 되었다.

손을 올리고 입을 벌리고 고개를 젖힌다.
순서는 상관없다. 마터호른 앞에서는 사실 모든 움직임이
의미 없다.

"Special beer for you?"

3프랑이나 더 비싼 맥주를 권하는 상술이 밉지 않다. 엔젤링,
온도, 따르는 각도와 담는 잔까지 엄격하게 따지는 사람들을
모두 모아 이 산봉우리 위에 데려다 놓고 맥주 한 병씩을
대접하고 싶다. 기분 좋은 한 턱이 될 것이다. 모두가 최고의
맥주라 외칠 것이다. 맛이 나쁘지 않네, 라고 말하는 사람은
한 명도 없을 것이다.

여행지에서 집을 빌리는 것에 대한 즐거움은 이루 말할 수 없다.
관광도 아니고 눌러 앉아 사는 것도 아닌 둘 사이의 어떤 지점이란 무척 매력적이다.

다음번에 체르마트를 여행할 때는 통나무 샬레를 빌려 친구들과 겨울을 전부 보내야겠다. 내 스키를 가지고 와, 스키장 시즌권을 끊어 여유롭게 타야지. 밖에서 맥주 한 잔을 하고 아쉬울 필요 없이 '집에 가서 더 마시자!'라고 권해야지. 늦잠을 자거나 날씨가 궂어 아무것도 하지 않는 날이 길어져도 괜찮을 거다.
우린 겨울 내내 여기 머물 거니까.

눈 위에
너의 이름을 새기다

눈이 내리면 사라지니까,
누가 볼 걱정 없이 마음껏, 그 이름을 크게 쓴다.
그 위에 누군가 와서 새기는 또 다른 이름도
이내 내리는 눈에 또 덮이고.
알프스 만년설 아래 수만 개의 이름들이 잠들어 있겠지.
누군가에게 큰 사랑을 받았던 예쁜 이름들이.

알프스, 행복해지기 위해

알프스, 행복해지기 위해

알프스, 행복해지기 위해

알프스, 행복해지기 위해

French Préalps

프렌치 프레알프스 1

6

프랑스 알프스 서쪽 부근의 지역. 대략 스위스 제네바 호수에서 프랑스의 샤모니Chamonix와 그르노블Grenoble을 지나 그라스Grasse 남부까지 내려오는 일대를 말한다.

○ 리옹 LYON   ○ 안시 ANNECY   ○ 제네바 GENEVA

프랑스 친구들과 만나면 꼭 한번은 열띤 논쟁을 벌이는
주제는 한국어에는 없는 프랑스어의 남성, 여성 정관사 le와
la다. 정관사는 단순한 문법 규칙에 그치는 것이 아니라, le와
la가 앞에 붙게 되는 명사는 각각 남자, 여자를 대입하여
바라볼 수밖에 없단다.
바다는 여자la mer, 다리는 남자le pont인 것은 막연하게
이해가 되지만 대부분의 것들은 그냥 무식하게 암기해야
된다.

언어를 배우는 입장에서는 무척 불편하지만,
이런 개념이 있다는 것이 부럽다. 나에게는 그저 와인과
테이블인 것이 프랑스어를 사용하는 사람들에게는
사내와 숙녀가 되는 것이니까. 다른 시각으로 사물을 바라볼
수 있는 타고난 감각을 탑재한 것이다.

다시 말해, 와인 병을 세게 잡고

알프스, 행복해지기 위해

펑! 따서 테이블 위에 조심스럽게 내려놓는 행동은
프렌치에게는 너무나 자연스러운 것이다.
와인 코르크를 딸 때는 박력 있게, 상을 차릴 때는 사랑하는
여인을 어루만지듯 조심스럽게.

빛la lumière의 도시la ville 리옹은
우아하고 매혹적인 숙녀였다.
라, 라, 라, 리옹, 봉쥬르.

지친 도시에 도착하다

매년 12월, 리옹에서는 나흘간 빛의 축제가 열린다.
축제가 막 끝나고 도착해, 흥분의 잔여물과 도시 곳곳에
켜켜이 쌓인 피로감을 헤집으며 다녔다. 도시의 피로함도
사람의 그것처럼 느낄 수 있다.
해마다 사백만 명이 다녀가는 축제를 치르고 나서
몸살을 앓고 있는 도시를 보았다. 그래서 천천히 걷고,
말도 걸지 않았다.
이틀 정도는 더 있어야 말끔히 수거될 폭죽 조각과 깨진
와인병도 모른 체 해주었다. 항상 완벽하게 준비된 모습으로
손님맞이를 할 수는 없으니까.
부스스한 머리와 퉁퉁 부은 눈으로 일어난 나의 아침 모습을
여러 도시들이 이제껏 모른 체 해주었으니,
오늘은 내가 관대한 쪽을 해볼게.

무색 무취
무매력

나름 관심을 기울여 여기 저기 돌아다녀 보고 나서
심심한 마음으로 리옹에게 전하는 말,
"너는 내게 마드리드 같았다."
남부의 수도라고들 하지만 매력이 없다.
무엇도 있고, 어디도 가볼 수 있고, 하며 리옹을 좋아하는
사람들이 반박할 거리를 늘어놓겠지만, 여행지의 매력은
지도에 몇 곳을 동그라미 칠 수 있느냐로 가늠할 수 없다.
이유 없이 누군가에게 끌리고 매력을 느끼는 것처럼
여행지도 설명할 수 없이 뿜어내는 무언가가 여행자와
화학적 상호작용을 일으켜 서로 호감을 유발해야 하는
것인데, 나와 리옹은 소위 말하는 '케미스트리'가 없었다.
전혀.

새해 다짐 같은 건
양동이에 던져 넣어

.몇 년 전까지는 한번도 새해 다짐을 진지하게
생각해 볼 기회가 없었다. 스스로 올해의,
내년의 목표가 무엇이냐 물을 필요가 없을 정도로
확고한 다짐이 있었기에. 그것이 없어진 후에는
별로 새해 다짐이라는 것을 하고 싶지 않다.
바라는 것, 이루고자 하는 것이 없진 않지만
수많은 2, 3등의 다짐들을 뒤죽박죽 정리하고 싶지 않다.
어차피 며칠 지나면 또 목록이 바뀔 것이고
그게 아무렇지 않기 때문에.

새해 다짐 못잖게 죽기 전에 해 볼 것을 적는다는
버킷 리스트도 마음에 들지 않는다고 심술을 부려 본다.
연말연시에 유럽으로 떠나오는 많은 여행자들은
'여기 다시 오는 것'을 목표로 삼는다.
드물게 '여기 절대는 다시 오지 않는 것'을 다짐하는 사람도
있지만. 그래서 일기 한 장이라도 적어야겠다 싶은 올해의

알프스, 행복해지기 위해

마지막 날에, 그냥 이 곳에 다시 오고 싶은지,

다시 오고 싶지 않은지만 결정해야겠다고 생각했다.

정말 쉬운 일이었다.

이처럼 가능한 쉬운 결정들을 내리며 살아가고 싶다.

복잡한 결정들은 지키는 것조차도 힘겹다.

작은 것에
모든 것을 걸다

첫 장면이 마음에 들어 여러 번 보는 영화가 있다.
남자 주인공은 카페 문을 열고 들어서는 여자 주인공에게
첫눈에 반한다. 다가가 말을 걸까, 말까, 고민하다 '그녀가
살구주스를 주문하면 말을 걸어야지'하고 생각한다.
커피나 차는 너무 쉬울 것 같아서, 주스 중에서도 조금은
독특한 선택을 조건으로 걸고 초조하게 그녀의 주문을
기다린다. 몇 분 뒤, 오렌지 주스를 시킬까 하던 여자는
주문을 바꾸어 살구 주스를 시키고, 남자는 믿을 수 없다는
듯이, 그러나 이 상황이 정말 기쁘다는 듯이 환하게 웃는다.

큰 결정들을 내리는 순간들은 의외로 사소한 일에서
시작되기도 한다. 생각 없이 지구본을 돌리다가
오래 떠날 여행을 결심하고, 먼지처럼 쌓이는 불행이
일생일대의 이별을 만들고, 어쩌다 놓친 비행기로
남은 생을 살아갈 힘이 되는 대단한 추억이 만들어진다.
반대로 포기하게 만드는 결정적인 것도 아주 작은 것일 수

있다. 대범하게 살라 하지만, 작은 것에 크게 반응할 줄도
알아야 한다. 특히 여행 중에는 그것이 엄청난 차이를 불러
올 수 있다. 길에 아무렇게나 놓인 작은 사건이 인생을
바꿀 수 있다는 것을, 아는 사람들은 알지.
그래서 아무리 갈 곳이 많아도 천천히 걸어봐야 한다.
그 작은 것들이 내 발을 걸어 넘어뜨릴 기회를 줘야 하니까.
넘어지기 전까지는 우리는 알 수 없다.
사실 우리는 항상 넘어질 준비가 되어 있었다는 것을.

여행자는 좋은 목재를
찾아 나서는 목수

자연과의 접촉이 아무리 유익하다 해도, 우리는 그 효과가
지속되는 시간이 제한적일 수밖에 없다는 사실을 알고 있다.
자연 속에서 보낸 사흘의 심리적 영향력이 몇 시간 이상
지속될 것이라고 기대할 수는 없을 것이다.

그런데 어느 날 오후 런던에서 여러 가지 근심으로 마음이
짓눌린 채 교통 체증에 걸려 있는데, 그 나무들이 나에게
돌아왔다. 수많은 모임들과 답장을 못한 편지들을 밀쳐내고,
내 의식 속으로 뚫고 들어오고 있었다.

나는 수많은 차량과 군중을 떠나, 이름은 모르지만 바로
눈 앞에 서 있는 것처럼 분명하게 보이는 나무들에게로
돌아갔다. 이 나무들은 내 생각들을 올려놓을 수 있는
선반을 제공했다. 이 나무들은 근심의 소용돌이로부터
나를 보호했고, 그날 오후 나에게 거창하지는 않지만 살아야
할 이유를 주었다.

_ 알랭 드 보통 Alain de Botton 《여행의 기술》 중 '시골과 도시에 대하여'

알프스, 행복해지기 위해

이 구절을 읽고 나서는 여행을 하다 유독 마음이 편안해지는
순간을 맞이하면 '좋은 선반 재료를 찾았군!'하고 생각하게
된다. 뚝딱뚝딱 만들어 놓고 까맣게 잊고 있는 선반도
여럿이지만, 혹시라도 급하게 필요할 때 아무것도 없어
넘쳐나는 생각을 둘 곳이 없으면 안 되니 부지런히 새로운
선반을 만들어 두어야 한다. 알프스에는 아름드리나무가
지천이다.

엄살 부리고 싶은 순간이 오면 뒷걸음질쳐 주저앉을 튼튼한
의자도 만들 수 있을 것 같다.

12월의
양파 까기

무엇에 대한 믿음인지 모르겠지만, 연말에는 어쨌든 믿음이
강해진다.

일 년 내내 한숨을 내쉬게 하는 소식들을 접하며 분노하고,
슬퍼하고, 절망하고, 포기하다 12월이 되면 내 안에서
시니컬한 껍질을 한 꺼풀 벗고 믿음과 희망의 뽀얀 속살이
돋는다. 김장김치를 담그며 양파를 까는 양 매운 눈물도
뚝뚝 흘린다. 정월 초하루만 지나면 다시 말랑했던 새 살이
딱딱해지기 시작하지만, 굳은살이 되기 전 일 년에 한
겹씩이라도 새로 벗으니 다행이라 생각한다.

매연도 스모그도 없는 깨끗한 공기에 속살을 드러내는 올해는
유난히 더 시리고 또 시원하다. 어쩐지 구정까지는 괜찮을 것
같다. 다 잘될 거라고, 좋은 일만 있을 거라고 믿는 바보 같은
시기가 내년엔 아주 조금 더 오래 갈 것 같다.

빌리 홀리데이를 들으며

리옹 LYON

재즈 피아노를 한번 배워 보려 했던 적이 있다.
하지만 단조 코드를 배우고 나서 자꾸만 장조 키를 눌러,
이내 그만 두었다. 블루 노트의 매력은 들을 땐 알겠는데
직접 눌러 소리를 만들려니 뭔가 실수하는 듯한 기분이
든다. 노래로도 재즈는 어렵다. 겨우 음정을 맞추어 놓아도
내 목은 미끄러지듯 메이저 소리를 내보낸다. 언젠가
홀리데이의 노래를 따라 불러 볼 수 있었으면 좋겠다던
막연한 바람은 희한하게도 단조로는 연주도 노래도 할 수
없다는 것을 깨닫고 바로 사라졌다.

그냥 듣는 것만 하지 뭐.
어차피 나보다 잘 부르는데.

말 길게 하기,
글 길게 쓰기

1년에 한번은 꼭 읽고 초심을 다잡는《Elements of Style》이라는 책이 있다. 영어 글쓰기의 교과서라 불리는 기초 서적인데 읽을 때마다 반성하게 되는 양서다. 저자는 작가에게 군더더기 없는 깔끔한 글을 요구한다. 써 놓은 것을 다시 읽고 고칠 때는 무엇을 빼고 또 빼야 하는지 거듭 강조한다.

나 역시 이에 전적으로 동의하여 필요하지 않은 단어는 꼭 걸러 내려 촘촘한 체를 들고 글에 덤비곤 하지만, 때로는 그저 펜이 움직이는 대로 가만히 두는 것도 좋다. 빙글빙글 풀어 쓰며 느끼는 그 감정의 흐름을 읽는 사람이 함께 파도를 타듯 느껴 주었으면 하는 때가 있으니까. 차 한 잔 끓이러 일어나지도 않고, 시계도 보지 않고, 핸드폰도 꺼 놓고, 그저 마구 쓰다 보푸라기처럼 흉하게 일어난 부분들을 살짝 그슬려 버리고 그대로 간직하는 그런 주절거림의 흐름.

여행처럼, 여기서 저기까지 도착만 하면 되는 것이 아니라
잠깐 멈추어 서고 돌아가고 하는 과정들이 꼭 필요한 글이
있다. 내게 오는 편지들은 누구에게서 오는 것이든 전부
그렇게 이 동네 저 동네 다 거쳐서 왔으면 좋겠다.
사소하고 쓸데없는 생각과 마음도 다 전해 주었으면 좋겠다.

작은 것에
모든 것을 걸다

첫 장면이 마음에 들어 여러 번 보는 영화가 있다.
남자 주인공은 카페 문을 열고 들어서는 여자 주인공에게
첫눈에 반한다. 다가가 말을 걸까, 말까, 고민하다 '그녀가
살구주스를 주문하면 말을 걸어야지' 하고 생각한다. 커피나
차는 너무 쉬울 것 같아서, 주스 중에서도 조금은 독특한
선택을 조건으로 걸고 초조하게 그녀의 주문을 기다린다.
몇 분 뒤, 오렌지 주스를 시킬까 하던 여자는 주문을 바꾸어
살구 주스를 시키고, 남자는 믿을 수 없다는 듯이, 그러나 이
상황이 정말 기쁘다는 듯이 환하게 웃는다.

큰 결정들을 내리는 순간들은 의외로 사소한 일에서
시작되기도 한다. 생각 없이 지구본을 돌리다가 오래 떠날
여행을 결심하고, 먼지처럼 쌓이는 불행이 일생일대의
이별을 만들고, 어쩌다 놓친 비행기로 남은 생을 살아갈 힘이
되는 대단한 추억이 만들어진다.
반대로 포기하게 만드는 결정적인 것도 아주 작은 것일 수

있다. 대범하게 살라 하지만, 작은 것에 크게 반응할 줄도
알아야 한다. 특히 여행 중에는 그것이 엄청난 차이를 불러
올 수 있다. 길에 아무렇게나 놓인 작은 사건이 인생을 바꿀
수 있다는 것을, 아는 사람들은 알지. 그래서 아무리 갈 곳이
많아도 천천히 걸어봐야 한다. 그 작은 것들이 내 발을 걸어
넘어뜨릴 기회를 줘야하니까.

넘어지기 전까지는 우리는 알 수 없다.

사실 우리는 항상 넘어질 준비가 되어 있었다는 것을.

여행 가방에 넣어 온
보이지 않는 짐

여행지에 도착하면,
왜 이제 왔을까, 한탄하는 사람이,
머리가 하얘져 아무 말도 떠오르지 않아 감탄사만
내뱉는 사람이 있다.
누군가의 얼굴이 가장 먼저 떠올라 전화를 거는 사람이,
엽서 한 장을 사서 바쁘게 마음을 쏟아 내는 사람이 있다.
소리를 지르는 사람이,
눈물을 흘리는 사람이,
처음으로 뒤를 돌아 살아 온 시간들을 천천히
곱씹어 보는 사람이,
내일과 앞으로의 날들을 기약하는 사람이 있다.

같은 풍경은 여행자 한 사람 한 사람의 각기 다른 마음을
건드린다.
한 여행자가 같은 곳을 여러 번 여행해도 매번 다른 감정을
느끼고 다른 방식으로 감상을 풀어 놓게 된다.

알프스, 행복해지기 위해

슬픈 기억, 힘든 순간, 사랑하는 사람, 피곤과 투정……
옷가지와 카메라 말고도 여행 가방에 무엇을 가지고
왔는지에 따라 많은 일이 일어난다.
호텔에 도착해 긴 비행을 마치고 나만큼 피곤할 여행 가방을
열고서는 찬찬히 살펴본다.

이번 여행엔 무엇을 가져왔나.
정신없이 짐을 싸며 나도 모르게 담아 온 것도 있나 보자.
다행히도 네 생각을 그리 많이 가져오지 않았구나.
피곤함과 약간의 추억, 기대와 희망을 조금 데리고 왔구나.

새 친구는
어렵다

벽을 세우는 것도 아니고, 유난히 낯을 가리는 편도 아닌데.
친구가 되려면 여태까지 어디에서 무엇을 어떻게 하고
살았는지 서로 이야기를 해야 하지 않나, 그 기준이 참
어렵다. 완벽하지는 못하더라도 어느 정도는 알아야 하는데,
이 '어느 정도'의 기준이 모호하다.
충분히 설명하지 않으면 나를 다 알지 못해 아주 좋은 친구는
될 수 없다. 그렇다고 구구절절 이야기 하자니 만나자마자
서로의 인생사를 나눌 수도 없는 일. 이야기를 풀어놓고
싶게 만드는 상대여야 한다는 점도 걸린다. 어렵사리 서로
많은 이야기를 나누었는데 친하게 지내고 싶은 마음이
안 생긴다면? 도로 담아 올 수 없는 개인사는 어찌하나.
그래서 요즘 친구는 못 사귀고, 아는 사람들만 많아진다.
여행 중에는 새로운 친구를 사귀는 것이 오히려 쉽다. 열린
마음으로 서로 마주하게 되는 사람들은 쉽게 친해진다.
여행이 끝난 뒤 친구인지 아는 사이인지가 결정되겠지만,
서울에서 만나는 것보다는 가능성이 있지 않을까.

알프스, 행복해지기 위해

만 26세

받을 땐 당연하고 보내고 나니 아쉬운 유스 할인.

이십 대 초반엔 스물여섯까지도 유스로 쳐 주냐며 관대하다

생각했던 이 좁은 나이 구간은 쏜살같이 지나갔다. 사실 얼마

더 아낄 수 있었던 여행 경비보다도,

유스표를 내밀던 그 시절 자체가 더 그립지.

아직 세상이 '앤 몇 푼 못 버는 젊은이니 우리가 좀 더 오래

보살펴 주자' 하는 것 같았던 시절이. 그때나 지금이나

벌이는 큰 차이 없는데 사회적인 보호막을 모두 벗고 세상에

맨몸으로 맞서는 기분이 든다면 과장한다고,

별 걸 가지고 유난이라고들 하겠지 싶어서 웃으며

성인 1인을 외치며 제네바 행 기차표를 샀다.

타인의 취향 ——————————————

밥을 먹으러 가서 감자튀김을 주문하고는 마요네즈를 따로
부탁하는 옆 테이블 사람을 보았다.
'나도 케첩보다 마요네즈가 더 좋아' 하고 생각했다.

이제 확고한 취향이 어지간한 분야에는 다 생길 법한 나이다.
많은 것들을 접하며 호불호의 파도를 넘나든 끝에 나만의
것을 만들어 가는 과정이 생일 케이크 초가 늘어나는 것의
가장 큰 장점이다. 가장 좋아하는 피자 토핑은 치즈, 커피는
아침엔 플랫 화이트, 점심 이후로는 에스프레소.

기분과 취향을 구분하지 못했을 때는 확실히 정할 수 없는
것들이 있다고 생각했었다.
느끼한 음식을 먹고 난 다음 날 눈을 뜨자마자 생크림
케이크가 생각나기도 하고
보그와 뉴요커를 차례로 읽고 싶고
운동화와 하이힐을 번갈아 신고 싶은 날이 있으니 말이다.

알프스, 행복해지기 위해

하지만 오늘의 기분과 확고한 취향은 일치하지 않는다.
취향이라는 것, 꼭 있어야 하는지.
그냥 좋으면 좋고, 좋았다가도 싫어지면 싫다.
다시 좋아지면 그런 거고. 그럼 안 되나?
하는 생각으로 살다 보면 아이러니하게도 점점 윤곽이
잡힌다.

타인의 취향을 궁금해 할 때란 흔치 않다.
빌리 와일더 영화가 제일 좋아, 까지의
히치콕과 고다르와 감자튀김은 마요네즈에 찍어 먹어,
까지의 케첩과 머스터드에 얽힌 이야기들이 궁금해지면,
오랜만에 갈림길에 서 있음을 깨닫게 된다.
좋거나 나쁘거나, 중간은 없는 목적지로 안내하는 갈림길.

알프스, 행복해지기 위해

알프스, 행복해지기 위해

알프스, 행복해지기 위해

French Préalps

프렌치 프레알프스 2

7

몽블랑의 서쪽에 있으며 알프스 산맥 중 가장 아름다운 트레킹 코스를 가지고 있다. 겨울 스포츠로도 인기 있어 수만 명의 관광객이 방문한다. 시내 동쪽 부셰Bouchet 숲에서 몽블랑을 바라보는 경치는 절경이며, 인조 호수와 세계 최고의 로프 웨이도 유명하다. 최고봉은 샤모니 몽블랑 지역의 에귀 뒤 미디Aiguille du Midi (3,842미터).

○ 샤모니 CHAMONIX

청개구리

아무리 여행 다니는 것을 좋아해도 내키지 않는 날 내키지
않는 곳에 가야 하는 경우도 있다.
여행을 계획할 때, 기차표를 구입하던 그 순간에는 정말 가고
싶었지만 막상 출발일이 도래하면 집에만 있고 싶은 그런
여행도 있다.

샤모니가 그랬다. 아침 기차를 타는 것을 그렇게
좋아하면서도 파리 집에서 걸어서 15분인 리옹 역까지 가는
것이 상상만 해도 끔찍했고, 흐릴 거라는 일기 예보도 마음에
들지 않았고, 무엇보다 몽블랑을 보러 올라갈 마음이 없었다.
유난히 긴 파리의 회색 봄은 빗소리로 시작해 하늘을 뒤덮는
먹구름의 연속이었다. 파란 바다가 사무치게 그리웠지,
만년설은 내키지 않았다. 간신히 짐을 싸고 억지로 잠을
청하며 눈을 뜨면 좋을 거라 스스로를 타일렀다.
일어나 기계처럼 움직여 기차역에 도착하여서도 아무 느낌이
없었다. 역무원에게 표를 디밀어 검사를 받고 제자리를 찾아

털썩 앉은 순간부터 기분이 좋아지기 시작했다.
가고 싶은 마음이 그제서야 꿈틀대기 시작했다. 기분이
좋은 것보다도 기분이 좋아져서 다행이라는 안도감이 컸다.
권태기가 오지 않기를 바라는 연인의 마음으로,
이번 여행과 다음 여행과 앞으로의 모든 여행이 지금처럼
이렇게 행복하기를 희망했다.
떠나지 않고 싶은 날이 온다면, 하고 처음으로 상상해
보았다.

수영장 벽을 기분 좋게 발끝으로 밀어내며 물살을 가르듯
기차가 플랫폼을 벗어나기 시작할 때, 우리 밀당하지 말고
지금처럼 지내자고 말했다.
널 위해 헌신하는, 너에게 전념하는, 열렬한 구애를 하는
나를 그래도 짝사랑은 아니라고 받아주는 여행지들에게
나지막이 부탁을 해 보았다.

지나치는 역 ────────────

파리에서 샤모니로 한번에 가는 기차는 없다.
안시에서 갈아타 지방 철도를 타고 기차역을 여럿 지나야
한다. 이렇게 역이 많으면 편히 잠이 들 수는 없다.
일 년 가까이 머물렀어도 아직 귓바퀴에서 맴도는
프랑스어를 흘려듣고 지나치면 안 되니까,
신발을 벗고 창에 기대어 조는 건너편 좌석의 여자나
만화 삼매경에 빠진 대각선 맞은편의 남학생처럼
편히 있을 수 없다. 그래서 나는 내가 탄 칸에서
지나치는 역들을 가장 유심히 살펴보는 승객이 되었다.

정말 많은 사람들이 마지막 역을 기다리고 있었다.
1, 2분씩 잠깐 서는 역에는 거의 아무도 눈길을 주지 않았다.
이 작은 역들의 역무원들도 누군가 엄청나게
많은 짐을 들고 내리면 당황하겠지 싶을 정도로
누군가 내릴 거라는 기대가 전혀 없는 얼굴로 나와 서 있다.

알프스, 행복해지기 위해

최소한 우리는 이정표가 있어 내리지 않아야 할 역에 실수로
발을 딛지 않는다. 역 명을 보고 재빨리 발을 거두어 기차에
머무른다. 언제 내려야 할지, 어떤 역을 그냥 지나쳐야 할지
신속하게 알아차리는 것이 무척 중요하다.

매번 다 온 줄 알고 내렸다가 부랴부랴 그새 더 묵직하게
느껴지는 짐을 끌어안고 슬슬 움직이는 기차에 가까스로
올라타 가쁜 숨을 돌리는 것에 지쳤다.

부채 바람처럼 시원하게 지나치는 풍광을 감상만 할 수
있다면, 종점에 도착해서 사뿐히 뛰어내릴 수 있다면 얼마나
좋을까.

여행을 아무리 많이 한 사람도, 여행 초보도,
한번을 느껴봤건 백번을 같은 실수를 했건
누구나 '그' 느낌을 안다.
머리카락이 쭈뼛 서고 온몸에 힘이 다 빠지면서 정신이
아득해지는.
무언가 찝찝해서 혹시 전기 콘센트를 꽂아 놓고 왔나 가스를
안 잠그고 왔나 되짚어 보고 여권도 두 번 세 번 확인하지만
그 순간이 와서 '그' 느낌이 드는 순간 정확히 무엇이
문제였는지 깨닫게 된다.

안시에서 환승해 타야 하는 지방 철도표는 예약할 때 사용한
신용카드를 가지고 안시 역에서 기계로 뽑아야 한다는
안내를 예약 시 메일로 받았었다.

출금 수수료가 더 낮아 여행 시 평소 가지고 다니는
카드가 아닌, 한국에서 주로 사용하는 카드였기 때문에

일부러 챙기지 않으면 지갑에 없다. 꼭 챙겨 가라고 파우치에
잘 넣어 놓고는 나는 오늘 아침 그 파우치를 한번 열었다
잠그며 이건 두고 가도 돼, 여기 들어있는 것 중에 여행 중
사용할 건 아무것도 없는 걸, 하고 중얼거렸다. 그 카드가 그
파우치에 있다는 것도 잘 알고 있었다.

그거네, 그거였네.

표를 날린 건가, 짜증이 났다. 속이 많이 쓰릴 비행기 티켓도
아니고 왕복 50유로 값이 문제가 아니었다.
어떻게 낸 여행 기분인데. 과도를 잘못 놀려 뽀얀 사과
속살을 왕창 깎아 내 아차 싶은 순간이었다.
창구에 가서 설명을 하니 5유로 수수료를 물고
환불을 해줄 테니 티켓을 다시 사란다.
그게 다야? 생각보다 너무 간단하게 해결이 되었다.
붉으락푸르락 했던 것이 너무나 민망하게.

문제를 설명하는 것은 영어로,
다시 표를 사는 것은 불어로.
아주 더딘 속도로,
프랑스어로 할 수 있는 일들의 개수를 늘려 나가고 있다.
서툴더라도 프랑스어를 해 보려는 모습을 언제나 예쁘게
봐주는 그들은 내게 왜 프랑스어를 배우고 싶었는지,
유창하게 할 수 있다면 무얼 가장 하고 싶은지 자주
물어온다.

난 말이지, 너희 나라 말로

노래도 불러보고 싶고
아폴리네르의 시구를 외워 읊어 보고 싶고
잠꼬대도 해 보고 싶고
오늘의 헤드라인을 놓고 논쟁도 해보고 싶고
사랑 고백도 해 보고 싶고

알프스, 행복해지기 위해

친구와 다투고 화해도 해 보고 싶다.

이미 아는 언어들로는 너무 많은 말들을 하고 너무 많은
글자를 적은 것 같아서, 새로운 언어를 배워 그 나라 말로 해
보면 모든 것을 처음으로 하는 기분이 들 것 같다.
다시 태어나 새로 사는 기분과 같은.

만년설의
50가지 그림자

언젠가 심심풀이로 인터넷에서 색맹 테스트를 해본 적이
있다. 점점 더 채도의 차이를 좁혀 나머지 것과 다른 색
하나를 찾아내는 방법으로 얼마나 색을 세세하게 구분할
수 있는지를 알아보는 간단한 시험이었는데, 생각보다 색에
무척 민감하다는 것을 알고는 내심 좋았다.
그러나 실제로 내 시야에 입장하는 수 백 가지 색깔을
구분하는 데 시간이 꽤 걸리는 편이다. 음악을 듣고 여러
악기를 동시에 직감적으로 느끼는 것과는 차이가 있다.
셀 수 없이 많은 곡들을 들어 왔기 때문에 화음과 장-단조와
엇박자와 꾸밈음이 동시에 감지가 되는 것처럼 모양과
질감과 채도와 명도 또한 노력하여 공부하며 본 사람에게 더
잘 보이는 거겠지.
샤모니 시내와 조금 떨어진 샬레를 나와 천천히 걷다, 산을
보고 하얗다고 좋아하다 걸음을 멈추었다.

눈 앞 알프스는 녹색 산 위에 흰 눈이지만 수많은 대가들의

명작들을 수 없이 본 누군가의 눈에는 훨씬 더 오묘한 색들의
조합일 것이다. 다음에 쓸 물감처럼 아무렇게나 한켠에 스윽
덜어 둔 크롬 화이트. 금속 느낌이 날 정도로 시린 흰색이 산
정상에 얹혀 있다. 은색과 회색과 먼지 묻은 흰색과 거뭇한
그림자도 차례로 확인하였다. 한참 더 서 있으면 더 많은
색을 찾을 수 있을 것 같다.

내일 아침에는 테라스 통유리를 활짝 열고 커피 한 잔을
천천히 다 마실 때까지 몽블랑의 만년설만 올려다봐야겠다.

바늘에 실 꿰기 ———————————

시력이 아무리 좋아도
안 되는 날이 있다.
피곤해도, 집중해 쳐다보지 않아도
한번에 되는 날이 있다.

샤모니 타운에서 케이블카를 두 번 타고 가장 높이 올라갈
수 있는 에귀유 뒤 미디Aiguille du Midi의 이름은 '정오의
바늘'이라는 뜻으로, 해발 3,842미터 봉우리에 해가 걸리는
시간이 정확히 정오라 하여 붙여진 것이다.
조금 더 부지런했으면 좋으련만 하는 아쉬움은 없었다.
정오에 케이블카를 타고 12시 15분에 3,842미터 봉우리에
도착했지만, 안개가 너무 짙어 해가 났는지, 어디에 걸렸는지,
걸려 있기는 한 것인지 분간을 할 수 없었기 때문이다.
정직한 시골 날씨는 오늘 흐리다는 일기 예보를 정확하게
지켰다.
아침 9시, 10시에는 잠시 개고 맑았다가 12시가 되면

다시 눈과 비가 흩날린다던 시간대별 일기 예보까지 정확히
맞췄다. 단단히 입고 가라는 자칭 샤모니통 지인의 당부에
여러 겹 껴입었는데도 스키장 정상보다 매서운 눈보라가
휘몰아 칠 줄은 몰랐다. 한여름에도 스키복으로 중무장을
하고 총알도 뚫을 수 없을 방탄 고글을 써야 정면으로 바라볼
엄두가 날 한기다.

어제 올라왔어야 한다. 아무리 귀찮았어도.
손가락 발가락 스무 개가 얼어서 어디 떨어진 것은 아닌지
확인하고서는 생각한다.
바늘에 실을 천 가닥 꿰고 말지, 이 추위를 1분이라도 더
버티는 것은 할 짓이 아니라 외치며 엘리베이터를 타고
빠르게 삼천팔백사십이미터를 단숨에 하산했다.
프랑스에서 제일가는 바늘구멍 다녀오는 게,
쉬운 일이 아니다.

허리케인이 오면
전 혼자 있겠어요

슬로베니아 류블랴나 이후 오랜만에 보는
두꺼운 안개였다. 어디서 시작되는지도 알 수가 없다.
단순히 사물을 부옇게 가리는 정도가 아닌,
솜 한가운데 처박힌 것처럼 숨을 쉬는 것조차 조금 불편할
정도였다. 한순간 발을 헛디뎌 3,000미터 아래로 떨어져도
놀랍지 않을 정도다.

높은 산의 눈부신 새하얀 세상은 심해의 깊은 어둠 못지않게
무서웠다. 얼마큼 높은 곳에 서 있는지의 문제가 아니었다.
동서남북, 앞뒤 분간을 할 수 없어 호흡이 가빠지는 공포는
이루 말할 수 없었다. 다들 어디로 흩어진 건지 세 걸음만
걸어도 안개에 휩싸여 모습을 감추어 보이지 않았지만
어쨌든 큼직한 케이블카 가득 함께 타고 온 수많은 사람들과
같이 있었다. 하지만 모두 무서워하고 있음을 느낄 수
있었다.

알프스, 행복해지기 위해

재난 영화에서 볼 법한 허리케인이라든지 쓰나미 같은 큰
사건이 터지면, 집에 가족과 있어야겠다고 생각했다. 여러
명이 흐흡-하고 숨을 들이마시는 소리가 나자 갑자기 심장이
두 배는 더 빨리 뛴다. 더 무섭고, 내려가지 못해 다급하다.
그래, 이런 게 군중심리라는 거야. 무서워하는 사람들과 함께
있으니 더 무서운 것을. 요즘 지진도 잦던데 집에 라면이라도
몇 박스 사 놔야겠다. 샤모니 최정상에서 내려와 가장 먼저
생각한 것은 일 년에 한두 번 먹을까 말까 한 라면이었다.

트라우마 ─────────────────

하강하는 케이블카에 도망치듯 탄 사람들은 함께 올라간
무리 중 대부분이었다. 스키복을 입고 스키를 들고 올라간 세
명 빼고 전부. 오랜만에 스키어들이 부러웠다.

체르마트에서 스키를 탔던 것이 사실은 10년 만이었다.
유치원 때부터였나, 정말 어릴 적부터 스키 마니아셨던
할아버지를 따라 온 가족이 겨울마다 스키장에 여러 번
갔다. 상급자 슬로프에서 실력을 뽐내 보이겠다며 신이 나
혼자 올라갔는데, 시력이 무척 안 좋았던 대학생이 멋을
내겠다고 도수가 하나도 없는 번쩍이는 고글을 쓰고는 어린
아이가 여기까지 올라 올 거라 생각지 못했는지 아래쪽을
살피지 못하고 뒤에서 나를 그대로 받았다. 붕 떠서 날았던
기억은 없으나 움직이지 못한 상태로 누워 있다가 사람들이
몰려오고, 앰뷸런스가 요란하게 올라왔던 기억은 있다.
드라마에서만 보던 구급차를 탔다는 게 어찌나 신기했던지,
그 신기로움이 아픔보다 커서 울지도 않고 정신없이

구경했다. 주변에서 오열하는 사람도 없고 온 사방에 피가
튀는 것도 아니라서 시시하다고 실망했던 것 같다. 어쨌든
그 사고로 한 달은 한쪽 다리에 허벅지에서 발목까지 깁스를
했었다. 그 뒤로 스키를 타 보려고 몇 번 시도를 해 보았지만
그 후로는 슬로프에 올라가면 나뭇가지 꺾이는 소리에도
흠칫하여 뒤를 돌아보고 타는 것을 포기했었다.

워낙 넓어 사람이 거의 없는 체르마트에서 드디어,
십 년도 더 지나, 오랜 트라우마를 자연스레 이겨낸 것이다.

부끄러운 혹은
자존심이 센 샤모니 구름

산꼭대기에서 누군가 입김을 세게 훅 불어 놓은 듯 걸쳐 있는 안개는 아직 다 걷히지 못하고 여기저기 널려 있다. 자기 자리가 어딘지 모르는 것 같다. 사이가 안 좋은지 서로 잘 어울리지 못하고 어설프게 산등성이에서 움직이는 구름을 보며 초등학교 3학년 때 짝 바꾸던 날이 떠올랐다.

1학기에는 여학생들이, 2학기에는 남학생들이 책상 한 쪽에 앉아 있고 여학생들이 앉아 있으면 남학생들이 원하는 자리를 찾아 가고, 남학생들이 앉아 있으면 여학생들이 함께 앉고 싶은 짝 옆으로 가는 식이었다. 그게 어찌나 창피하고 싫었는지, 누가 옆에 앉으려 다가오면 입술을 꽉 깨물고 나직하게 '저리 가'하고 눈을 있는 대로 찢어 흘기고, 반대의 경우에는 구석에서 꼼짝 않고 서 있다가 마지막 남은 한 자리에 앉았었다.

학년이 끝나고 종업식 날 선생님은 올해 짝을 하지 못했지만 꼭 옆에 앉아 보고 싶었던 친구 이름을 적어 내라 했었다.
중학교 진학 후 몇 년 만에 스승의 날 모교를 찾았을 때,
3학년 담임 선생님은 그 날 유일하게 서로의 이름을 적었던
두 학생 중 하나가 나라고 귀띔을 해 주셨다.
나이를 열 손가락으로 헤아릴 수 있을 때 일어나는 모든
일들은 다 동화 같다.

동네 뒷산

기차역으로 가는 마을버스를 탔다.

등교 시간이라 그런지 학생들이 많이 올라탄다. 2번 버스
끝에서 끝까지 가려니 이 동네 학생들을 다 만나는 것
같다. 20분도 안 걸려 마을 세 개를 지나 역에 도착하지만
캐리어까지 두 자리 차지하고 앉은 것이 자꾸 신경 쓰인다.
학생들은 막 올라탄 친구를 반기기에 바쁘지 눈치 보는 검은
머리 여자는 안중에도 없다.

직진 도로를 달려도, 굽이 길을 꺾어도, 계속 시야에
들어오는 몽블랑은 정말 크다. 샤모니 사람들의 일상에
단순한 배경이 아닌, 꽤 비중이 있는 조연 역할을 매일같이
하는 것 같다. 사진 찍는데 얼굴을 카메라에 한껏 가져다
대는 익살스런 친구를 보는 기분이다.
어디에 눈을 두어도 몸집이 워낙 크니 한눈에 들어오고,
계속 프레임 안에 머문다. 중고등학교 시절엔 봉사 활동하러
뒷산에 올라 쓰레기를 줍거나 체력 단련으로 하이킹을 하는

것이 정말 지루했다.

그리 험하지도 않아 금방 오르는 산 정상에서 김밥을 먹는
것도 신나지 않았다. 사실 김밥은 올라가는 길에 낄낄대며
진즉에 다 까먹었지. 너희도 그럴까 궁금했다. 너희들에게는
프랑스에서 가장 높은 산봉우리가 그저 동네 뒷산이니?
'아, 우리 다음 주에 몽블랑 또 올라 가?' 하는 건 아니겠지.

이 동네는 ——————————
허구한 날 파업이에요

프랑스 철도청, 아니 유럽 모든 국가의 철도청은 파업이
잦다. 지연도, 취소도 많다. 일찍 떠나는 경우 빼고 모든
상황이 다 가능하다고 보면 된다. 놀랍게도 여기 사람들은
이런 상황들을 항상 이해한다.
특히 파업은 더더욱. 헛걸음을 여러 번 하다 보니 나도 이제
파업에 당황하지 않는다. 하지만 파업 때문에 야간열차
일정이 취소되는 건 별로였다.

그나마 다행인 것은 샤모니에서 할 수 있는 일들이 바닥나
파리가 무척 그리운 마당에, 반나절은 일찍 돌아갈 수 있게
되었다는 것이다. 이탈리아로 넘어가는, 경치가 끝내 준다는
케이블카는 보름은 더 있어야 운행을 시작하고, 노천탕,
수영, 하이킹 등 여러 액티비티들이 바톤 터치를 하는 공백의
순간에 내려온 것이었다. 생각보다 일찍 파리로 돌아간다는
말에 친구들은 또 파업이냐며 파업을 안 하는 일정에 기차를
타는 게 기적일거라며 대신 씩씩 화를 내 주었다.

문제는 표를 바꾸는 것이었는데, 새로 발권을 하는 것이
아니라 그냥 원래 야간열차 표를 보여주며 자초지종을
설명하면 된다고 하는 것이 마음에 걸린다.

이런 상황에서 어떻게 조치를 취해야 하는지에 대한 규정을
내 앞에서 다시 읽어 보고 일러주었는데도 마음이 놓이지
않는다.

그냥 표를 끊어 달라고 할 걸 그랬나. 자리에 앉아서는
입술이 자꾸 말랐다. 다시 내리라고 하면 어쩌지, 최악의
경우엔 그냥 표를 히나 더 사는 거겠지, 하고 마음이 편히
먹어지지 않는다. 더 비싼 표를 들고서도 걱정이 이만저만이
아니다.

누구와 여행을 같이 하게 되면 보통 친한 사람들 사이에서는
응석받이 역할을 하고 잘 모르는 사람들 사이에서는 이런
상황을 다독이는 역할을 하는데, 혼자서는 어째야 하는지
아직 정하지를 못했다.

아무튼 올 것이 왔다. 다행히 타자마자 바로 표를 검사한다.
쇠뿔도 단김에 빼랬다고, 매도 먼저 맞으랬다고. 어차피
용기를 내는 김에, 프랑스어로 상황 설명을 했다.
시제도, 동사 변형도 다 필요 없다. 상대방이 알아듣고 문제
해결이 되면 되는 것이다. 표가 문제가 없다는 것 못지않게
직원이 내 말을 알아들었다는 것이 너무나 기쁘고 좋았다.
맞은편에 앉은 젊은 부부의 의아한 눈초리를 받으며,
입꼬리를 씰룩이며 잠을 청했다. 오늘의 할 일을 넘치게
해냈다, 장하다.

별 헤는 밤

하늘 가득 별을 한상 차림으로 배불리 먹은 밤이었다.
기술도 시원찮고 카메라도 그리 좋지 않아 저 밤하늘을
온전히 사진으로 담을 수 없음을 이미 알고 있다.
두 눈만을 가지고 나가 한참을 하늘을 보다 '으- 추위' 하고
잰걸음으로 방에 들어왔다. 어쩐지 아쉬워 창문 너머로 몇 분
더 보게 되는 그런 밤하늘이었다.

알프스, 행복해지기 위해

알프스, 행복해지기 위해

알프스, 행복해지기 위해

Italian Alps

이탈리안 알프스

8

알프스 산맥은 이탈리아의 아오스타Aosta, 피에몬트Piedmont, 롬바르디Lombardy, 베네토Veneto, 트렌티노Trentino, 알토 아디제Alto Adige와 프리울리 베네치아 지울리아Friuli Venezia Giulia 지역을 관통한다. 트렌티노와 알토 다이제를 남부 티롤Tirol 지방이라 이르며, 이 지역 최대 도시 볼차노는 2014년 이탈리아에서 삶의 질이 가장 높은 도시로 뽑힌 바 있는 행복한 산골 동네다. 14-15세기 중 큰 시장이 계절마다 열리며 주변 국가들의 상인들이 모두 모이는 도시가 되어 이탈리아 국경 지대 최대 상업 도시로 번영을 누리기도 하였다. 과거의 영광은 모두 산 속 어딘가에 묻어 놓고, 볼차노는 조용한 날들을 보내고 있다.

○ 볼차노 BOLZANO

망설임 없이
뛰어내릴 수 있는

언제부터 형성되었는지 모를, 내 머릿속 이탈리아의
역동적인 이미지는 꿈쩍 않고 자리를 지키는 알프스마저도
기운차 보이게 만들었다. 마지막으로 이탈리아의 산맥을
보았던 것은 1년 전 겨울. 일부러 밀라노에서 조금 떨어진
근교를 찾아 세계에서 열 두어 번째로 높은 번지점프를
뛰었던 날이다. 앞 사람이 다섯 번을 발판에 올라갔다가
내려오며 점프대 사람들을 지치게 만들어, 분위기 상
나도 망설이면 누군가 화를 낼 것 같아 한번에 뛰어야지,
생각했다.

점프대에 올라서면 높이는 불과 몇 센티 높아진 것이지만
공기가 달라진다. 뛰는 사람만이 들이마실 수 있는 높이의
서늘한 공기는 아무도 손을 대지 못한 날것의 냉기를
머금었다. 칼날처럼 차가운 온도가 극한의 공포감과
새로움에 대한 희구를 동시에 자극했다. 열부터 거꾸로
세었으면 뒷걸음질 쳤을지 모른다. 셋부터 시작하면 언제

숨을 가다듬을지 생각할 겨를이 없다. 두 발을 모으고
제자리에서 도움닫기를 하며 하늘로 뛰기에도 모자란 삼
초다. 그렇게 날아서, 생각보다 훨씬 오래 중력에게 머리채를
잡혀 수직 낙하하다, 발목에 줄이 탁! 걸리는 순간 숨이
쉬어지며 열 손가락과 열 발가락 끝까지 저릿하게 호르몬이
폭발하여 열을 내뿜는 것을 경험했다.
이탈리아의 산맥은 그래서 남다르다. 자유로운 비행을
허락해주었던 곳이니까.

아찔한 여름을 함께 보내고 몇 해가 지나 가을에 다시 마주한
기분이다. 옅은 미소와 두근대는 심장 소리의 환상적인 조합.
새롭지만 낯설지 않은 곳을 여행하는 첫 날 느끼기에 더 없이
좋은 기분.

와인과 차의 도시에서
커피를 외치다

이렇게 찻집이 많은 이탈리아 도시는 처음이다. 이탈리아
최대 차 조달 업체의 본사가 있다는 점도 한 몫 한다. 파리에
아무리 유서 깊고 아름다운 카페가 많아도, 커피 맛으로는
이탈리아를 절대 따라갈 수 없다. 이탈리아 사람이 이탈리아
기계로 뽑아 내리는 에스프레소는 다르다. 물이 달라서 그런
것이라는데, 다른 건 다 가져갈 수 있어도 맛있는 커피를
마시자고 국경을 지나는 물길을 낼 수는 없다. 이탈리아
커피의 감동은 장화 모양의 반도 안에서만 경험할 수 있다.
커피 애호가들에게는 천국과도 같은 이 나라에서 커피 말고
다른 것을 마시는 일은 상상도 할 수 없다. 빠른 걸음으로
여러 찻집을 지나 바리스타에게 "우노 까페!"를 외치고는,
흑설탕 봉지를 리드미컬하게 탁탁 털어 흔들었다.

조용한 관찰자

여행지에서 나는 파티에 초대 받았을 때와 똑같이 행동한다.

시간에 딱 맞추진 않아도 너무 늦지 않게.

스포트라이트는 피하되 충분히 신나게.

"언제 왔어?" 하고 물을 정도로 조용히 스며든다.

말은 거의 않지만 관찰은 열심히, 눈과 귀는 바쁘다.

그리고 도착해 실컷 구경한 뒤 그 곳을 처음 봤을 때 모습

그대로 두고 돌아간다.

즐거운 그 모습 그대로 언제까지나 남아 있기를 바라면서.

그런데, 여러 번 거듭 찾아오는 나는 매번 바뀌는데

여행지만큼은 그대로 있어 달라 바라는 것은 참 이기적인 걸

수도 있겠다는 생각이 문득.

볼차노 숙소는 온통 노랗게 꾸며져 있었다.

커다란 치즈 같은 방은 식욕을 자극했다. 새로 꾸민 스튜디오
형식의 숙소는 부엌이 굉장히 넓었다. 시리얼이라도 우유에
말아 한 그릇 먹어야 할 것 같아 장을 보러 나섰다. 매일
동네에서 가장 크게 장이 서는 에르베 광장Piazza delle
Erbe에서 고춧가루가 콕콕 박힌 치즈 덩어리와 빵을 샀다.
대낮부터 다홍빛 아페롤 스프리츠 칵테일을 마시고 있는
사람들을 천천히 지났다. 짐이 무거우면 걸음이 느려져
주변을 구경하게 되는 것이 좋다.

여행을 와서 목적지에 도착하는 일에만 집착하면 이렇게
천천히 걷지 않는다. 다른 사람들이 어떻게 나와 같은 공간과
시간을 소비하는지 알 길이 없다.

잔은 빠르게 비워지지만 그 누구의 눈도 잔에 닿아있지 않다.
마주 앉은 사람의 얼굴에 정확하게 꽂혀 있다.

그래서 술을 마시는 단순한 광경이 아닌 흐뭇한 기억으로 내
안에 새겨졌다.

지복의
여덟 가지 조건

볼차노에서 세상 최고의 복을 누릴 수 있으려면 여덟 가지
조건을 충족해야 한다. 열주랑 아래에 집이 있으며,
자기 땅에서 재배해 양조한 와인이 셀러에 가득하고,
레농Renon에 여름 별장을, 성당에 신도석을, 극장에 전용
발코니를, 가족 묫자리와 최소 6개월은 사용할 수 있는
린넨 천을 가지고 있어야 한다. 마지막으로 볼차노 여자와
결혼해야 한다.
여자라면 마지막 조건만 제외하고 다 가지면 된다는 거라고
결론짓고, 하나씩 찬찬히 곱씹어 일곱 번째의 섬유 유연제
냄새 폴폴 풍기는 반듯하게 다린 테이블보와 커튼을 떠올려
본다. 과연 더 이상의 행복이 있을까 싶다. 우리를 궁극의
행복으로 이르게 하는 것들은 여전히, 채 열 가지도 되지
않는다.

이거 말고, 그거 말고,─────────
나머지 전부 다

오베르보젠Oberbozen까지 케이블카와 기차로 올라가
하이킹을 하고 내려오며, 티롤 지방에서 쉬이 볼 수 있는
파이를 먹었다. 페이스트리를 납작하게 직사각형으로 접고
사이에 치즈며 잼을 넣어 구워 내는 파이다. 접시 수를
헤아릴 수 없을 정도로 성대한 코스 만찬보다 걸음 소리에
맞추어 바사삭 빵가루를 앞섶에 온통 묻히고 신나게 베어
무는 빵이 더 맛있는 날이 바로 오늘이었다.

목마름과 더위는 젤라또로 한꺼번에 해결했다.
팥빙수는 한여름이 되어야 먹지만 젤라또는 겨울 파카만
벗을 날씨가 되면 먹을 수 있다.
뭐, 오리털 파카를 껴입고 언 손을 호호 입김으로 불며
젤라또를 먹어도 아무도 뭐라 하지는 않지만 말이다. 볼차노
일대에서 맛있기로 소문난 젤라또는 이탈리아에서 먹어 본
것 중 가장 맛있었다.
가격도 밀라노에 비하면 거의 반값이다.

가게 이름이 에세테라Eccetera다. 이탈리아어로 '기타 등등'의
뜻이다. 매일 마흔 가지나 되는 젤라또를 만든다는데 '딸기,
초콜릿 등' 할 때의 그 수많은 여러 가지를 뜻하는 것일까.
오늘 먹은 맛 말고 나머지 것들을 모두 맛보고 떠나면
볼차노가 아쉽지 않겠다는 생각이 든다. 도전해볼 만한
숫자는 항상 승부욕을 자극한다.

너 사람 ——————————————
참 잘 본다   볼차노 BOLZANO

너 사람 참 잘 본다는 말을 들어 본 적이 단 한번도 없다.
이 사람을 보는 눈이라는 것이
어떻게 길러지는 것인지
많이 보는 만큼 시력이 좋아지는 것인지
라식 같은 수술을 할 수 있는 것인지.
그건 아닌 것 같다.
사람 보는 능력을 타고나는 사람이 있고
한번 뼈아픈 경험을 겪어도 그 한 사람만큼의
판단력이 길러질 뿐 전혀 다른 얼굴에 목소리를 바꾼
같은 사람을 다시 만나면 나는 또 모를 것이다.
그래서 아무도 만나고 싶지 않다.

알프스, 행복해지기 위해

사랑에 빠지려는 순간들은
생각보다 드물지 않다

스크래치 복권 500원 당첨의 확률보다 낮다고 본다.
평생에 딱 한번 있을까 말까 한 일은 아니라는 것이다.
방심하고 있을 때, 잊을 만하면 그 때가 온다. 나는 한번도
준비된 상태로 새로운 설렘을 맞이해 본 적이 없다.
너무 놀라, 놀라는 표정도 숨기지 못한다. 사랑에게 눈이
있다면 내 얼굴은 동그랗게 뜨고 입을 조금 벌린, 좀 우스운
표정을 하고 있을 것이다. 이 순간을 맞닥뜨리게 되면
이제 브레이크를 거느냐 마느냐가 관건이다. 브레이크는
수도 없이 걸 수 있다. 내 상황이 초라해서, 너를 잘 몰라서,
사는 게 바빠서, 현재가 익숙해서. 그걸 이겨내는 가속도의
마음이라면 브레이크를 밟아도 도로에 스키드 마크를
진하게 남기고 타는 고무 냄새를 풍기며 달리게 된다.
그렇게 질주해 본 지가 언제인지.

알프스, 행복해지기 위해

알프스, 행복해지기 위해

수면 아래서 폭발한 해저 화산을 품에 안고 떠난
여행 같았다. 파도가 너무 심하게 일지 않도록,
때때로 두 손으로 가슴을 꾹 눌러가며 돌길을 걷고
눈밭을 구르고 높은 고도의 맑은 공기를 들이마시었다.

꽤 길었던 연애를 마치고, 그러니까 그 기간을 말하면
사람들이 다시 한번 괜찮냐, 고 묻는 그런 연애를 마치고
떠났던 여행이라 사실 여행지가 어디든 상관은 없었다.
떠나고 정리하고 스스로를 다독일 수 있는,
기억과 추억과 물리적으로 떨어진 공간이면
어디든 괜찮았다.

하지만 알프스여서 다행이었다.

알프스, 행복해지기 위해

모든 것을 기대고 털어놓을 수 있는 길고 긴 산맥이
여행 내내 곁을 지켜 주어, 오랜만에 혼자 하는 모든 것들이
그렇게까지 낯설고 무섭지는 않았다.

산맥을 뛰놀며 음미하던 진한 스위스 치즈에 대한
감상으로만 가득할 수 없는 기분이었음을
이해 받고 싶은 기록이다. 또 누구든 언제든 달려가 기대어도
좋은 곳임을, 알프스 어디든 찾아가도
정 붙일 매력적인 구석을 발견할 수 있음을
알리고 싶은 글이다.

부록

알프스
여행 정보

알프스 대표 명소 BEST 5

높고 뾰족한 산세에 햇살이 걸리는 절경
프랑스 샤모니 몽블랑 에귀 뒤 미디

맑은 날씨를 만나 올라야 탁 트인 절경을 감상할 수 있는 프랑스 알프스의 가장 예쁜 지점. 바늘에 실을 꿰듯 쉽지 않은 일이라 당일치기 여행은 권하지 않는다.

스위스를 대표하는 스키 타운 체르마트에 웅대한 봉우리
마터호른

한참을 숨차게 달리다 고개를 들면 언제나 가장 먼저 보이는 듬직한 봉우리가 있는 체르마트. 찬바람이 불기 시작하면 가장 먼저 마음에 파고들어 봄이 오고 나서도 떠날 줄을 모른다.

하이얀 만년설의 맑은 얼굴을 한 독일의 최고봉
미텐발트 마을 곁의 추크슈피체

눈과 일 년을 난다는 것은 매일 밝고 하얀 것을 마주할 수 있다는 축복이다. 추크슈피체를 여행한 후 독일은 무뚝뚝하고 과묵한 이미지가 깨지고 섬세한 작은 마을로 받아들여졌다.

작지만 오스트리아에서 가장 예쁘고 인기 많은 마을
할슈타트의 호숫가

동유럽 어디라도 여행할 기회가 생기면 어떻게 해야 할슈타트를 한번 들러 볼 수 있을까 궁리하게 된다. 한번 보고 마음을 빼앗긴 후 오래 애정하는 곳이 된 작은 호반 마을.

샤모니 가는 길에 만나는 사랑스럽고 작은 마을.
프랑스 안시

몇 걸음이면 건너는 목조 다리 위에서 바라보는 평온한 일상의 모습이 그 어떤 장관보다도 인상적이다. 겸손한 마음을 갖게 하는 안시에서 사계절을 보내고 싶다.

알프스에서 꼭 해 볼 것 BEST 5

이탈리아 볼차노 & 프랑스 샤모니
케이블카/산악열차로 산등성이 오르기
내 돈 주고 줄 서서 탔는데, 힘들게 걸어 올라갈 길을 공짜로 단숨에 날아오른다는 생각에 횡재한 기분이 든다. 내려갈 때 한번 더 탈 수 있다는 기쁨을 함께한 사람들과 나눈다.

루가노, 안시, 할슈타트의 아름다운 호수를 유유히 가르는
보트 타 보기
강과 바다가 더 익숙한 나는 호수가 이렇게나 우아한 존재였는지 몰랐다. 큰 품속에 깊고 푸른 물을 안고 잔잔한 일렁임으로 이쪽저쪽으로 건너게 해 주면 감사하다는 말이 절로 나온다.

체르마트에서는 마터호른을, 샤모니에서는 몽블랑을 바라보며
스키로 눈 덮인 산자락 질주하기
스포츠와 인연이 없어도, 몸치라도, 괜찮다. 100% 천연 눈 위에서는 넘어져도 아프지가 않다. 넘어지면 눈이 시리게 파란 하늘과 마주 보게 되니 사실 넘어지는 편이 더 좋을 때도 있다.

독일 미텐발트 & 프랑스 샤모니
하이킹으로 세상에서 가장 깨끗한 공기 들이마시기
이렇게 깊이 숨을 쉴 수도 있다니, 이렇게 많이 들이마실 수 있다니, 감탄하며 숨 쉬는 것에 이렇게 감격하며 원 없이 가슴 속에 깨끗한 것들을 가득 담고 뱉는다.

크리스마스 때 가장 예쁜
류블랴나, 리옹, 뮌헨의 크리스마스 마켓 즐기기
12월에는 알프스 어디든 좋으니 크리스마스 마켓 살래에 있고 싶다. 계피 향에 휩싸여 어디 걸어야 좋을지 모르는 성탄 장식들을 양 손에 저울질하며 마법 같은 한 달을 보내고 싶다.

알프스에서 꼭 먹어 볼 것 BEST 5

추위에 종일 떨고 나서 또는 레저를 한껏 즐기고 땀을 낸 후,
언제든 좋은 따끈따끈한 퐁듀

예상보다 강한 화이트 와인 냄새가 훅 끼치며 올라오는 데에
살짝 취해 빵을 찍는다. 푹 담가 돌돌 마는 재미에 배가 부른
줄도 모르고 계속 먹는 달큰하고 촉촉한 퐁듀.

고기, 감자, 무엇이든 치즈로 덮어 새콤한 피클과 함께
베어 무는 맛이 감칠난 라클렛

퐁듀를 재미로 먹는다면 라클렛은 맛으로 승부를 본다. 감자
고 소시지고 빵이고 무엇이든 덮으면 요리가 되는 꼬리꼬리한
지독한 냄새의 라클렛 치즈를 스위스 치즈 중 가장 좋아한다.

브랜드도, 종류도 상관없다. 잔을 들어 올리는 높이만 중요할 뿐!
슬로프 정상에서 마시는 시원한 맥주

베일 것 같은 찬 공기를 가르며 스피드를 즐기다 숨이 차고
목이 말라 스키 부츠를 신은 채 어기적대며 걸어 털썩 주저
앉아 받아 마시는 방금 따른 생맥주 한 잔의 짜릿함.

알프스 사람들의 따스한 정을 느낄 수 있는 시장 구경 후
한 아름 사서 아삭아삭 깎아 먹는 신선한 시장 과일

이국적인 기분에 괜히 신나는 사과와 복숭아. 한국의 알 굵은
단단한 딸기와는 체급 차이가 많이 나는 작고 귀여운 딸기와
하나에 1유로라는 가격의 메론은 여행이 달콤해지는 행복.

티롤 지방에서 파는 갖가지 속을 넣어 구워 내는
넓적한 파이 스트루델

커스터드를 곁들여도, 아이스크림과 함께 먹어도 좋다. 나는
속 재료의 아삭함이 그대로 느껴지는 스트루델 자체만 먹는
것이 제일 좋다. 시금치 스트루델도 맛이 좋다.

알프스 추천 여행 루트 BEST 5

책에서 소개하는 각각의 도시와 마을은 어떤 액티비티도 하지 않고 시가지만 구경을 하려면 1박을, 스키나 하이킹 등을 하려면 2박 3일을 권한다. 한 개 이상의 도시와 마을을 여행하려는 사람이라면 다음의 효율적인 일정을 참조하자.

📋 알프스 7일 여행 ①

프렌치 프레 알프스

○──────○──────○──────○──────○
제네바 > 샤모니 > 안시 > 리옹 > (파리)

파리에서 샤모니를 가는 것보다 제네바에서 가는 편이 더 편하다. 샤모니와 가장 가까운 공항도 제네바 공항이고, 제네바 공항에서 운행하는 셔틀 버스를 타고 바로 샤모니로 이동할 수 있기 때문이다. 파리에서 이동하는 경우 1회 이상 환승하여 기차 또는 기차와 버스를 이용하여 찾아갈 수 있다. 따라서 프레 알프스의 주요 도시들을 여행하려면 스위스 제네바에서 시작하는 편이 좋다. OUT을 파리로 하여 한국으로 돌아오는 여정까지 계획하면 편리하다. 반대 순서로 여행해도 무방하나 제네바보다 파리에서 쇼핑을 즐기는 사람들이 많아 마지막 도시를 파리로 두는 편을 추천한다.

🚆 제네바 공항 〉 샤모니는 약 1시간 30분~2시간 소요. 공항에서 주변의 여러 스키타운으로 이동하는 에어로 스키버스를 이용한다.

www.gva.ch/Portaldata/1/Resources/fichiers/publications/publications_informative/aeroski-bus.pdf

> TIP 1명 이상 단체로 여행한다면 프라이빗 셔틀 서비스를 이용해도 좋다. 1인 약 22유로로
> (www.chamonix.net/english/transport/shared-transfers)

🧳 알프스 7일 여행 ②

바바리안 알프스와 이탈리안 알프스

(뮌헨) > 미텐발트 > (인스부르크) > 볼차노 > 밀라노 > (베로나) > 루가노

스위스와 프랑스의 알프스를 여행할 시간적 여유가 없고 또 겨울에 여행하지 않거나 스키 등 동계 스포츠가 내키지 않는다면 추천하는 일정이다. 인스부르크와 베로나는 미텐발트 〉볼차노, 밀라노 〉루가노를 기차를 이용하여 이동하려면 어차피 거쳐야 하는 도시들로 일정에 추가하기 좋은 여행지다. OUT은 밀라노로.

🧳 알프스 7일 여행 ③

페나인 알프스와 프렌치 프레 알프스

제네바 > 샤모니 > 체르마트 > (인터라켄) > 취리히

자연과 스키, 하이킹을 사랑하는 여행자라면 일주일 동안 스위스에 집중해 보자. 국경을 넘지 않아 이동 시간이 그리 많지 않아 피로가 덜하다. 샤모니 〉체르마트가 기차로 4시간, 자동차로 2시간 10분 거리로 이동 시간이 가장 긴데, 재즈 페스티벌로 유명한 몽트뢰를 여정에 추가해 긴 이동 시간을 조금 줄이고 쉬어 갈 수 있다. 체르마트를 여행하고 나서는 루가노를 지나 밀라노에서 OUT을 해도 좋고 인터라켄까지 보고 취리히에서 OUT을 해도 좋다. 체르마트 〉인터라켄은 기차로 시간 30분, 인터라켄 〉취리히는 기차로 2시간 남짓 걸린다.

🧳 알프스 14일 여행 ①

프렌치 프레 알프스와 스위스의 페나인 알프스

○────○────○────○────○────○────○
(밀라노) > 루가노 > 체르마트 > 샤모니 > 안시 > 리옹 > (파리)

(밀라노) 〉루가노 〉체르마트 〉샤모니 〉안시 〉리옹〉 (파리)의 일정이 좋다. 체르마트에서 샤모니까지는 기차로는 2-3회 환승하여 4시간 45분 정도 소요되며 자동차를 렌트하는 경우 2시간 20분 걸린다. 반대의 여정도 물론 가능하다. 체르마트와 샤모니에서 스키를, 루가노와 안시에서는 호숫가 소도시의 고즈넉함을, IN, OUT 도시가 되는 밀라노와 파리에서는 유럽을 대표하는 대도시 여행의 매력을 느낄 수 있어 다양한 경험으로 알찬 여행을 할 수 있는 멋진 일정이다.

> **TIP** 루가노에서 체르마트로 대중교통을 이용하여 이동하려면 밀라노를 다시 거쳐야 하기 때문에 밀라노를 베이스로 두고 1박 또는 당일치기로 루가노를 다녀온 후 체르마트로 떠나는 편이 효율적이다.

🧳 알프스 14일 여행 ②

센트럴 이스턴 알프스와 바바리안 알프스

○────○────○────○────○────○────○
(빈) > (잘츠부르크) > (할슈타트) > (인스부르크) > 미텐발트 > 뮌헨 > 린다우 > (뮌헨)

렌터카를 이용하지 않는다면 할슈타트는 어디에서 출발해도 쉽게 갈 수 없는 곳. 빈에서는 기차로 1회 환승하여 약 4시간 소요되는데 잘츠부르크와 가까우니 잘츠 여정을 하루 정도 추가하여 잘츠부르크에서 버스 또는 기차 (둘

다 1회 환승)로 2시간 30분 정도 이동하여 할슈타트를 찾으면 좋다. 자동차로 이동하면 1시간 남짓 걸린다. 할슈타트에서 미텐발트로 여행하는 경우에도 마찬가지로 빈과 잘츠부르크 다음으로 오스트리아의 인기 여행지인 인스부르크를 거쳐 가게 되어 이곳에서의 일정도 하루 추가하면 좋다. 잘츠부르크와는 또 다른 아기자기한 매력이 있으며 동계올림픽 호스트 도시로도 선정되었던 바 있는 곳이다.

 할슈타트 〉 미텐발트는 자동차로는 3시간 15분, 잘츠부르크와 인스부르크를 지나 2회 환승하는 기차 여정으로는 6시간 소요된다.

TIP 오스트리아에서 독일로 넘어가는 것이 불편하다면 뮌헨으로 IN 하여 직행 기차로 1시간 50분 만에 미텐발트를 찾을 수 있다. 또는 미텐발트를 생략하고 뮌헨으로 바로 이동해도 좋다. 자동차로는 2시간 30분, 기차로는 1회 환승하여 5시간 10분 소요된다.

 뮌헨 〉 린다우는 기차, 버스로 2시간 15분 정도 소요된다. 1-2회 환승을 해야 하는 기차 편도 있으니 시간표를 잘 확인하고 직행을 탈 수 있으면 그렇게 하도록 한다. 짐을 전부 들고 이동하는 편보다 왕복 4시간의 기차 여행이 더 낫다면 뮌헨을 베이스로 두고 린다우를 1박 또는 당일치기 여행으로 다녀오도록 한다.

TIP 시간표를 검색하고 탑승권을 예약할 수 있는 유럽 각국 철도청 사이트
독일 철도청   www.bahn.de
프랑스 철도청   www.voyages-sncf.com
이탈리아 철도청 www.trenitalia.com
스위스 철도청   www.sbb.ch
오스트리아 철도청 www.oebb.at
슬로베니아 철도청 www.slo-zeleznice.si

알프스 각 지역 관광청 INFO

1. 슬로베니아 류블랴나

- **ADD** Krekov trg 10, SI–1000 Ljubljana
  TEL +386 (0)1 306 45 75, (0)1 306 45 76
  WEB www.visitljubljana.com

- **ADD** Adamiè – Lundrovo nabrežje 2, SI–1000 Ljubljana
  TEL +386 (0)1 306 12 15
  WEB www.visitljubljana.com

2. 오스트리아 할슈타트

ADD Seestraße 99, 4830 Hallstatt
TEL +43 6134 8208   **WEB** www.hallstatt.net

3. 독일 린다우

ADD Lennart–Bernadotte–Haus, Alfred–Nobel–Platz 1, 88131 Lindau
TEL +49 (0)83 822 60 030   **WEB** www.lindau.de

4. 독일 뮌헨

- **ADD** Marienplatz 2, 80331 München
  TEL +49 (0)89 233 96 500   **WEB** www.muenchen.de

- **ADD** Bahnhofsplatz 2, 80335 München
  TEL +49 (0)89 233 96 500
  WEB www.muenchen.de

- **ADD** Sendlinger Straße 1, 80331 München
  TEL +49 (0)89 233 96 500   **WEB** www.muenchen.de

5. 독일 미텐발트

ADD Dammkarstraße 3, 82481 Mittenwald
TEL +49 (0)88 233 39 81
WEB www.alpenwelt–karwendel.de/touristinformation–mittenwald

알프스, 행복해지기 위해

6. 스위스 루가노

- **ADD** Palazzo Civico — Piazza Riforma, 6900 Lugano
  TEL +41 (0)58 866 66 00   **WEB** luganotourism.ch

- **ADD** Piazzale della Stazione, 6900 Lugano
  TEL +41 (0)91 923 51 20   **WEB** luganotourism.ch

7. 스위스 체르마트

ADD Bahnhofpl. 5, 3920 Zermatt
TEL +41 27 966 81 00   **WEB** www.zermatt.ch

8. 프랑스 리옹

ADD Place Bellecour, 69002 Lyon
TEL +33 (0)4 72 77 69 69   **WEB** www.en.lyon-france.com

9. 프랑스 샤모니

ADD 85 Place du Triangle de l'Amitié, 74400 Chamonix-Mont-Blanc
TEL +33 (0)4 50 53 00 24   **WEB** www.chamonix.com

10. 스위스 제네바

ADD Rue du Mont-Blanc 18, CH-1211 Genève 1
TEL +41 22 909 70 00   **WEB** www.geneve.com

11. 프랑스 안시

ADD 1 Rue Jean Jaurès, 74000 Annecy
TEL +33 (0)4 50 45 00 33   **WEB** www.lac-annecy.com

12. 이탈리아 볼차노

ADD Piazza Walther, Bolzano BZ
TEL +39 0471 307 000   **WEB** www.bolzano-bozen.it

Photo Credit

All photograph by 맹지나

Except
p.014 www.flickr.com/photos/pedrosz

p.223 NiglayNik / Shutterstock.com
Elina Tretyakova / Shutterstock.com

알프스,
행복해지기 위해

신개정판 1쇄 인쇄일 2020년 12월 09일
신개정판 1쇄 발행일 2020년 12월 16일

지은이	맹지나
발행인	이정은
주간	이미숙
책임편집	정윤정
책임디자인	이경진, 권지은
책임마케팅	이한주
경영지원	이지연

발행처	홍익출판미디어그룹
출판등록번호	제 406-2020-000074 호
출판등록	2020년 7월 4일
주소	서울시 마포구 독막로 18길 12, 2층(상수동)
대표전화	02-323-0421
팩스	02-337-0569
메일	editor@hongikbooks.com

제작처	예컴

ISBN 979-11-9722-476-8 (03810)

이 도서의 국립중앙도서관 출판예정도서목록(CIP)은
서지정보유통지원시스템 홈페이지(http://seoji.nl.go.kr)와
국가자료공동목록시스템(http://www.nl.go.kr/kolisnet)에서 이용하실 수 있습니다.
(CIP제어번호: CIP2018023843)